BESTACTIVITYBOOKS.COM

ERSTE AUSGABE - Veröffentlicht 2022

Extra Grafikmaterial von: www.freepik.com
Dank an: Alekksall, Starline, Pch.vector, Rawpixel.com, Vectorpocket, Dgim-studio, Upklyak, Macrovector, Stockgiu, Pikisuperstar & Freepik.com Designers

5 TIPPS FÜR DEN ANFANG!

1) LÖSUNG DER RÄTSEL

Die Puzzles haben ein klassisches Format :

- Die Wörter sind ohne Abstand, Bindetrich usw… versteckt
- Richtung : vor-& rückwärts, auf & ab oder in der Diagonale (beider Richtungen)
- Die Wörter können übereinanderliegen oder sich kreuzen

2) AKTIVES LERNEN

Neben jedem Wort ist ein Abstand vorgesehen zum Aufschreiben der Übersetzung. Um ihre Kenntnisse zu überprüfen und zu erweitern befindet sich am Ende des Buches ein **WÖRTERBUCH**. Suchen sie die Übersetzungen, schreiben sie sie auf, dann können sie sie in den. Puzzles suchen und ihrem Wortschatz hinzufügen.

3) ANZEICHNUNG DER WÖRTER

Haben sie schon einmal versucht eine Anzeichnung zu verwenden? Sie könnten zum Beispiel die Wörter, die schwer zu finden sind, ankreuzen, die Wörter, die sie lieben, mit einem Stern, neue Wörter mit einem Dreieck, seltene Wörter mit einem Diamant usw … anzeichnen

4) IHR LERNEN ORGANISIEREN

Am Ende dieser Ausgabe bieten wir auch ein praktisches **NOTIZBUCH** an. Ob im Urlaub, auf Reisen oder zu Hause, sie können ihr neues Wissen ganz einfach organisieren, ohne ein zweites Notizbuch zu benötigen!

5) SIND SIE AM SCHLUSS ?

Gehen sie zum Bonusbereich : **MONSTER-HERAUSFÖRDERUNG,** um ein kostenloses Spiel zu finden, das am Ende dieser Ausgabe angeboten wird !

Lust auf mehr Spaß und **Lernaktivitäten**? **Schnell und einfach :** eine ganze Spielbuchsammlung mit einem einzigen Klick erhaltbar :

Mit diesem Link finden sie ihre nächste Herausforderung :

BestActivityBooks.com/MeineNachsteWortsuche

Achtung, fertig, ... Los !!

Wussten sie, dass es auf der Welt ungefähr 7.000 verschiedene Sprachen gibt ? Wörter sind kostbar.

Wie lieben Sprachen und haben schwer daran gearbeitet, die Bücher von höchster Qualität für sie zu entwerfen. Unsere Zutaten ?

Eine Auswahl von angepassten Lernthemen, drei große Scheiben Spaß, dann fügen wir einen Löffel schwieriger Wörter und eine Prise seltener Wörter hinzu. Wir servieren sie mit Sorgfalt und ein Maximum an Freude, damit sie die besten Wortspiele lösen und Spaß am Lernen haben.

Ihre Meinung ist wichtig. Sie können aktiv zum Erfolg dieses Buches beitragen, indem sie uns eine Bemerkung hinterlassen. Sagen sie uns, was ihnen an dieser Ausgabe am besten gefallen hat !!

Hier ist ein kurzer Link, der sie zu ihrer Bewertungsseite führt

BestBooksActivity.com/Rezension50

Vielen Dank für ihre Hilfe und viel Spaß

Linguas Classics

1 - Gesundheit und Wellness #2

G	E	N	E	T	I	K	A	A	L	L	E	R	G	I	A
H	R	I	V	P	S	E	G	É	S	Z	S	É	G	E	Z
I	C	M	I	U	Á	Ú	C	P	O	L	Y	W	P	E	K
G	V	A	U	T	V	J	L	F	X	F	N	R	X	C	O
I	G	T	U	G	L	C	Y	Y	G	Á	V	T	É	J	C
É	I	I	Z	W	A	R	J	H	X	L	S	C	W	T	K
N	D	V	O	E	Y	U	S	J	D	U	T	F	H	X	Á
I	X	C	T	K	T	A	M	A	S	S	Z	Á	Z	S	Z
A	E	N	E	R	G	I	A	F	K	S	B	Z	X	D	A
I	P	C	I	S	É	M	I	V	E	Ó	E	C	P	F	T
D	I	É	T	A	S	Ó	R	N	L	R	R	Y	Z	V	O
E	T	E	F	R	G	T	Ó	D	P	J	T	H	P	É	K
Z	D	T	X	A	E	A	L	S	G	N	R	Ő	Á	R	A
F	X	H	F	G	T	N	A	B	R	L	O	B	Z	Z	R
A	O	O	S	P	E	A	K	R	V	W	P	Y	W	É	E
K	I	J	W	E	B	L	S	K	Z	S	S	E	R	T	S

ALLERGIA
ANATÓMIA
ÉTVÁGY
VÉR
DIÉTA
ENERGIA
GENETIKA
EGÉSZSÉGES
SÚLY
HIGIÉNIA
FERTŐZÉS
KALÓRIA
KÓRHÁZ
BETEGSÉG
MASSZÁZS
KOCKÁZATOK
ALVÁS
SPORT
STRESSZ
VITAMIN

2 - Ozean

B	F	G	N	Ó	J	A	H	H	Z	H	N	N	U	H	X
G	Á	D	R	U	X	P	N	P	O	L	I	P	F	B	E
H	A	L	A	H	N	O	T	G	X	W	Y	C	T	L	B
U	G	R	N	M	N	D	C	E	O	Y	N	O	T	Á	Z
L	I	A	N	A	K	U	Z	F	D	L	H	C	I	F	T
L	R	H	C	É	T	L	K	K	E	Á	N	R	K	J	R
Á	T	I	O	R	L	L	B	H	L	P	R	A	O	H	O
M	Z	V	S	Ó	K	A	W	J	F	A	Á	S	K	T	P
O	S	M	Z	D	F	U	R	T	I	R	K	M	O	B	R
K	O	M	E	D	Ú	Z	A	Á	N	Á	S	W	R	E	P
X	T	E	K	N	Ő	S	C	R	K	U	Z	N	A	J	H
O	E	V	P	M	S	D	S	U	I	I	I	C	L	K	O
C	H	M	C	M	H	Y	J	K	X	T	V	Á	L	J	D
S	D	T	S	S	B	T	L	S	M	Y	A	P	K	R	C
K	O	I	P	T	H	A	L	B	G	B	C	A	G	Y	U
C	Z	R	X	H	K	V	J	Z	T	T	S	Y	H	N	C

ANGOLNA
OSZTRIGA
HAJÓ
DELFIN
HAL
GARNÉLARÁK
ÁRAPÁLY
CÁPA
KORALL
RÁK

POLIP
MEDÚZA
ZÁTONY
SÓ
TEKNŐS
SZIVACS
VIHAR
TONHAL
BÁLNA
HULLÁMOK

3 - Krankheit

T	A	Y	V	Í	Z	S	Á	T	I	N	U	M	M	I	G
G	Y	E	N	G	E	Z	A	J	A	K	U	T	F	T	Y
K	J	R	S	H	G	I	S	A	H	N	Z	F	E	T	U
H	D	V	X	N	E	N	I	E	W	M	A	O	R	E	L
Y	E	U	G	L	N	D	L	E	T	K	J	Z	T	R	L
K	P	M	A	Z	E	R	Á	L	G	E	U	U	Ő	Á	A
O	A	P	K	N	T	Ó	I	N	É	É	L	L	Z	P	D
T	E	S	T	E	I	M	R	S	W	G	S	K	Ő	I	Á
N	W	E	J	U	K	A	E	F	O	U	Z	Z	Ö	A	S
O	E	V	C	R	A	I	T	Y	Y	O	U	É	S	R	A
S	L	D	W	O	I	G	K	R	B	J	A	C	S	É	Ö
C	L	D	J	P	S	R	A	F	E	M	J	U	C	C	G
T	N	B	L	Á	Y	E	B	D	K	M	T	C	O	E	V
M	E	K	C	T	C	L	K	R	Ó	N	I	K	U	S	T
K	S	U	E	I	C	L	R	J	V	A	S	B	F	D	P
Y	S	N	W	A	H	A	Y	X	Y	S	T	F	V	D	V

HASI
AKUT
ALLERGIA
FERTŐZŐ
LÉGZÉS
BAKTERIÁLIS
KRÓNIKUS
GYULLADÁS
ÖRÖKLETES
GENETIKAI
EGÉSZSÉG
SZÍV
IMMUNITÁS
CSONTOK
TEST
NEUROPÁTIA
GYENGE
SZINDRÓMA
TERÁPIA
WELLNESS

4 - Meditation

T	M	C	X	B	A	S	F	I	P	A	T	F	X	V	L
V	E	E	M	L	E	D	G	M	E	L	E	Y	G	I	F
O	B	R	N	C	K	W	C	N	R	Á	N	A	Á	N	B
Y	É	N	M	T	Y	I	V	D	S	H	E	E	S	L	É
X	K	V	Y	É	Á	G	G	Z	P	J	Z	E	S	U	B
F	E	B	E	U	S	L	H	V	E	E	H	G	O	N	R
J	B	D	O	A	G	Z	I	W	K	Z	F	Y	G	A	E
R	Z	J	L	X	E	O	E	S	T	K	H	Ü	Á	T	N
G	B	O	L	W	X	B	D	T	Í	B	P	T	L	Z	V
R	X	A	Z	F	Z	Z	D	T	V	T	R	T	I	M	R
E	L	F	O	G	A	D	Á	S	A	X	K	É	V	O	Y
Y	R	K	E	D	V	E	S	S	É	G	Z	R	C	Z	H
T	A	N	Í	T	Á	S	O	K	H	H	J	Z	Y	G	D
B	O	L	D	O	G	S	Á	G	D	M	I	É	H	Á	D
W	W	P	X	F	E	X	C	S	E	N	D	S	W	S	T
G	O	N	D	O	L	A	T	O	K	F	K	P	G	K	N

ELFOGADÁS
FIGYELEM
MOZGÁS
HÁLA
KEDVESSÉG
BÉKE
GONDOLATOK
MENTÁLIS
BOLDOGSÁG
VILÁGOSSÁG
TANÍTÁSOK
TANULNI
EGYÜTTÉRZÉS
ZENE
TERMÉSZET
PERSPEKTÍVA
NYUGODT
CSEND
ELME
ÉBREN

5 - Archäologie

G	H	B	E	N	S	N	E	L	T	E	R	E	M	S	I
X	H	Ó	I	C	Á	Z	I	L	I	V	I	C	P	K	P
U	O	X	M	H	W	U	A	W	E	W	D	P	D	O	D
H	I	K	L	I	T	G	A	K	Y	M	R	O	V	R	B
S	T	R	G	X	J	X	C	F	É	C	Z	A	J	S	C
E	B	N	L	P	E	L	T	A	W	R	I	É	U	Z	S
E	O	B	J	E	K	T	U	M	O	K	T	A	S	A	O
C	R	F	O	S	S	Z	I	L	I	S	A	Ő	H	K	N
S	O	E	V	I	S	Ő	K	U	T	A	T	Ó	U	L	T
A	K	S	K	Y	Í	Y	D	O	F	A	L	F	L	F	O
P	Ó	Y	D	L	R	O	Z	S	S	E	F	O	R	P	K
A	B	L	W	P	Y	L	É	T	J	E	R	Y	V	F	F
T	P	E	S	É	L	E	K	É	T	R	É	V	G	S	H
C	D	L	E	S	Z	Á	R	M	A	Z	O	T	T	R	V
B	J	Y	E	L	F	E	L	E	J	T	E	T	T	G	G
T	E	M	P	L	O	M	R	S	E	G	N	J	Y	T	N

ELEMZÉS
ÓKOR
ÉRTÉKELÉS
KORSZAK
SZAKÉRTŐ
KUTATÓ
FOSSZILIS
REJTÉLY
SÍR
CSONTOK
CSAPAT
LESZÁRMAZOTT
OBJEKTUMOK
PROFESSZOR
EREKLYE
TEMPLOM
ISMERETLEN
ŐSI
ELFELEJTETT
CIVILIZÁCIÓ

6 - Gesundheit und Wellness #1

M	L	S	É	L	E	Z	E	K	E	G	E	D	I	H	M
N	A	I	B	X	L	F	F	L	O	H	R	U	V	A	C
Z	R	G	T	Ö	R	É	S	I	R	T	Z	M	H	S	O
Z	Z	O	A	P	U	C	L	N	E	W	N	D	J	X	R
A	K	R	P	S	V	W	J	I	F	N	W	O	B	X	V
K	S	V	G	É	S	H	É	K	L	B	R	Y	S	Z	O
T	Z	O	R	L	M	Á	R	A	E	O	C	S	B	C	S
Í	O	S	V	Ü	M	U	G	P	X	V	B	B	A	S	S
V	K	S	J	R	Á	T	R	E	Z	S	Y	G	Ó	Y	G
E	Á	Á	N	É	Ő	T	E	R	Á	P	I	A	L	G	Z
T	S	G	A	S	U	B	M	R	O	I	B	D	G	W	X
K	I	K	A	P	C	S	O	L	Ó	D	Á	S	C	V	X
I	B	A	K	T	É	R	I	U	M	O	K	A	F	B	B
O	R	V	O	S	I	R	J	U	U	V	Í	R	U	S	P
A	C	L	K	I	E	F	K	D	R	Y	J	U	M	P	X
V	C	D	B	F	U	K	G	S	Z	G	F	A	V	G	H

AKTÍV
GYÓGYSZERTÁR
ORVOS
BAKTÉRIUMOK
KEZELÉS
KIKAPCSOLÓDÁS
TÖRÉS
SZOKÁS
BŐR
MAGASSÁG
ÉHSÉG
KLINIKA
CSONTOK
ORVOSSÁG
ORVOSI
IDEGEK
REFLEX
TERÁPIA
SÉRÜLÉS
VÍRUS

7 - Obst

S	Y	D	K	W	F	W	R	L	V	W	A	K	K	C	W
E	W	C	E	R	R	M	O	R	T	I	C	K	O	S	H
X	D	J	G	G	P	Á	F	D	D	C	D	P	V	E	P
S	G	J	X	W	U	L	P	Ó	Y	G	O	B	N	R	O
O	V	B	H	O	H	N	U	O	K	A	N	A	N	E	Y
N	L	N	G	S	Y	A	J	A	P	A	P	N	O	S	C
S	Á	R	G	A	B	A	R	A	C	K	M	Á	C	Z	W
N	E	K	T	A	R	I	N	K	D	C	M	N	O	N	D
Z	K	B	Y	D	E	X	Y	A	Ö	I	V	I	K	Y	O
V	A	V	L	I	Z	S	K	F	F	R	N	L	U	E	X
N	T	V	N	A	R	A	N	C	S	K	T	N	E	O	A
J	L	K	O	A	N	A	N	Á	S	Z	I	E	Y	N	L
P	A	B	E	K	C	A	R	A	B	I	Z	S	Ő	E	M
I	U	K	Y	W	Á	L	X	I	N	Y	I	J	Z	K	A
E	F	J	J	R	E	D	E	Z	S	Z	Ő	L	Ő	L	E
P	M	H	J	D	R	N	Ó	I	D	Z	S	U	K	Ó	K

ANANÁSZ
ALMA
SÁRGABARACK
AVOKÁDÓ
BANÁN
BOGYÓ
KÖRTE
SZEDER
MÁLNA
CSERESZNYE
KIVI
KÓKUSZDIÓ
DINNYE
NEKTARIN
NARANCS
PAPAJA
ŐSZIBARACK
SZILVA
SZŐLŐ
CITROM

8 - Universum

J	W	D	V	L	X	B	E	H	O	R	I	Z	O	N	T
J	B	W	M	D	G	X	L	G	É	V	U	K	Y	O	L
H	O	S	S	Z	Ú	S	Á	G	Y	P	X	P	T	E	É
S	F	L	T	S	X	R	N	A	G	E	Á	F	N	U	G
Z	É	Á	L	Á	L	W	A	W	L	N	N	L	R	L	K
É	L	T	O	G	L	T	P	N	U	I	F	L	Y	B	Ö
L	T	H	U	A	G	X	F	O	U	U	I	G	Í	A	R
E	E	A	X	L	L	W	O	B	H	K	L	X	Z	T	U
S	K	T	M	L	J	D	R	Á	L	L	A	T	Ö	V	Ő
S	E	Ó	M	I	G	R	D	K	O	Z	M	I	K	U	S
É	L	Y	I	S	C	U	U	L	Y	V	H	T	V	L	C
G	W	U	I	C	W	D	L	S	O	L	T	Á	W	Y	H
G	A	L	A	X	I	S	Ó	T	C	H	W	V	E	H	W
A	S	Z	T	E	R	O	I	D	A	E	N	C	T	C	T
S	Ö	T	É	T	S	É	G	A	V	L	R	S	F	P	J
C	S	I	L	L	A	G	Á	S	Z	A	T	Ő	C	M	O

ASZTEROIDA
CSILLAGÁSZ
CSILLAGÁSZAT
LÉGKÖR
EON
EGYENLÍTŐ
SZÉLESSÉG
SÖTÉTSÉG
GALAXIS
FÉLTEKE
ÉG
HORIZONT
KOZMIKUS
HOSSZÚSÁG
HOLD
PÁLYA
LÁTHATÓ
NAPFORDULÓ
TÁVCSŐ
ÁLLATÖV

9 - Camping

B	D	D	M	D	T	U	G	O	P	G	L	Z	J	X	W
S	T	X	H	W	N	C	P	I	J	C	A	Z	O	B	T
J	C	S	D	O	H	G	B	D	X	S	M	S	K	T	W
K	I	M	F	D	L	S	N	A	N	Y	K	Á	Y	I	M
H	Y	A	P	Z	U	D	M	C	V	G	S	T	U	G	J
K	A	L	A	P	R	N	S	T	O	E	B	O	Y	R	M
R	T	C	L	K	N	A	K	Ó	M	H	R	R	G	J	X
Z	E	B	É	Y	I	L	V	C	Y	X	A	D	Á	N	Z
I	Z	Ű	T	F	B	A	P	M	Á	L	V	Y	Ő	J	P
T	S	K	Ö	I	Z	K	V	B	X	R	O	I	G	Ű	M
T	É	R	K	É	P	D	V	U	T	V	R	M	G	T	J
C	M	Á	L	L	A	T	O	K	P	Z	P	J	Ü	Y	Ó
N	R	V	A	D	Á	S	Z	A	T	U	M	E	F	N	O
S	E	O	C	F	W	K	A	B	I	N	Y	L	E	Á	C
W	T	O	K	F	O	U	O	W	D	E	D	K	E	R	N
I	V	N	S	F	K	T	M	W	V	K	R	P	Z	I	N

KALAND
HEGY
TŰZ
FÜGGŐÁGY
KALAP
ROVAR
VADÁSZAT
KABIN
KENU
TÉRKÉP
IRÁNYTŰ
LÁMPA
HOLD
TERMÉSZET
TÓ
KÖTÉL
MÓKA
ÁLLATOK
ERDŐ
SÁTOR

10 - Zeit

M	J	N	F	V	X	É	R	A	H	Ó	W	K	D	L	U
H	I	A	N	S	Y	J	D	U	K	R	A	H	I	A	M
Ó	W	W	T	T	N	S	O	J	I	A	R	O	K	C	Z
N	X	G	T	O	V	Z	B	K	I	B	G	S	U	V	H
A	R	V	K	Z	L	A	Y	Y	C	I	H	H	R	Z	C
P	X	W	T	X	M	K	F	C	U	S	D	É	L	R	L
T	E	G	N	A	P	A	E	T	E	D	K	Y	I	U	M
S	T	É	H	C	X	T	Y	E	M	M	M	F	P	K	L
O	S	Ő	V	Ö	J	Z	A	F	S	M	C	S	E	Z	B
M	M	A	L	J	É	F	C	Y	K	D	G	É	P	N	Z
N	T	W	X	E	D	V	B	F	W	A	Y	E	V	L	F
G	T	B	R	C	A	X	T	U	T	Á	N	U	N	E	F
F	L	G	T	V	Z	C	G	I	M	É	A	K	A	G	S
N	N	A	P	T	Á	R	C	C	Z	V	T	W	P	G	V
E	Z	A	U	I	Z	E	A	C	O	E	B	A	W	E	P
F	D	O	C	B	S	P	P	A	G	U	D	U	W	R	F

KORAI
TEGNAP
MA
ÉV
SZÁZAD
ÉVTIZED
ÉVES
MOST
NAPTÁR
PERC
DÉL
HÓNAP
REGGEL
UTÁN
ÉJSZAKA
NAP
ÓRA
ELŐTT
HÉT
JÖVŐ

11 - Säugetiere

O	W	I	V	X	P	K	N	H	R	E	J	T	G	M	J
Z	X	N	Z	N	U	U	E	T	M	N	K	Ó	K	E	I
G	F	K	A	N	H	D	T	N	Á	F	E	L	E	D	M
M	V	I	B	G	K	U	I	I	G	C	O	S	Z	V	D
P	J	O	X	G	L	G	M	J	L	U	S	X	E	E	B
X	B	U	D	G	Z	Z	I	Z	M	D	R	N	B	F	D
F	Á	R	I	S	Z	O	T	F	D	R	T	U	R	H	U
R	L	U	M	E	C	V	I	O	Y	Á	Y	Z	A	G	R
L	N	J	F	R	T	P	G	S	R	P	K	V	F	Y	F
Y	A	Y	T	U	K	E	R	Z	U	O	N	C	D	D	Z
M	A	J	O	M	G	E	I	O	D	E	S	R	Ó	K	A
R	U	G	L	V	M	B	S	T	K	V	L	Z	H	U	J
A	T	G	J	A	L	L	I	R	O	G	A	Z	L	F	Z
E	Y	T	V	W	Y	N	Á	K	T	A	P	E	Y	Á	E
L	O	O	K	C	W	E	P	C	A	R	X	A	T	A	N
P	R	É	R	I	F	A	R	K	A	S	A	K	R	A	F

MAJOM
MEDVE
HÓD
ELEFÁNT
RÓKA
ZSIRÁF
GORILLA
KUTYA
KENGURU
PRÉRIFARKAS
OROSZLÁN
PÁRDUC
LÓ
PATKÁNY
JUH
BIKA
TIGRIS
BÁLNA
FARKAS
ZEBRA

12 - Algebra

M	W	V	Z	S	B	X	A	N	T	H	K	T	K	G	L
N	J	M	U	J	K	E	S	L	E	R	I	É	I	Y	I
H	A	M	I	S	I	H	B	B	L	Y	V	N	T	F	L
P	R	O	B	L	É	M	A	M	N	U	O	Y	E	V	V
Ö	K	O	A	X	F	B	W	P	E	H	N	E	V	C	É
S	D	I	A	G	R	A	M	U	Y	G	Á	Z	Ő	M	G
S	V	F	P	U	M	H	G	B	G	U	S	Ő	S	E	T
Z	M	Á	T	R	I	X	T	J	E	F	G	E	M	N	E
E	Y	G	X	C	A	S	Á	D	L	O	G	E	M	N	L
G	O	I	C	V	Z	Z	I	S	Y	T	Z	R	Y	Y	E
K	É	P	L	E	T	Á	I	R	T	Ö	U	K	J	I	N
L	U	G	K	M	O	M	I	X	Á	R	U	Y	M	S	Z
V	Á	L	T	O	Z	Ó	N	F	Z	E	N	T	G	É	M
S	X	T	R	M	T	F	M	X	J	D	N	U	C	G	I
L	N	H	G	W	B	S	D	G	A	É	J	I	F	Y	O
T	J	U	E	I	O	C	U	O	H	K	I	X	L	V	R

TÖREDÉK
DIAGRAM
KITEVŐ
TÉNYEZŐ
HAMIS
KÉPLET
EGYENLET
LINEÁRIS
MEGFEJT
MEGOLDÁS
MÁTRIX
MENNYISÉG
NULLA
SZÁM
PROBLÉMA
KIVONÁS
ÖSSZEG
VÉGTELEN
VÁLTOZÓ

13 - Philanthropie

G	Á	S	Ú	J	F	I	Z	X	P	K	X	G	P	G	L
É	Y	K	J	D	N	V	U	J	R	Ü	L	C	T	X	G
S	G	E	H	S	I	L	Á	B	O	L	G	É	G	M	G
I	Ü	G	R	E	B	D	T	E	G	D	M	L	J	R	É
R	Z	V	M	M	G	E	G	C	R	E	V	O	F	V	S
E	N	B	R	A	E	X	É	C	A	T	M	K	X	Z	Ű
B	É	Y	C	C	E	K	S	H	M	É	L	P	M	R	K
M	P	Y	F	K	A	P	E	Y	O	S	G	R	S	J	L
E	F	B	F	V	C	N	T	K	K	E	R	E	B	M	E
F	J	Ó	T	É	K	O	N	Y	S	Á	G	A	K	D	L
A	L	A	P	O	K	I	I	S	Z	Ü	K	S	É	G	Y
J	O	G	É	S	S	Ö	Z	Ö	K	U	S	D	A	D	G
H	K	O	T	A	L	O	S	C	P	A	K	F	I	W	A
X	H	M	Y	O	C	I	Ő	S	Y	R	G	L	V	O	N
P	R	T	T	Ö	R	T	É	N	E	L	E	M	U	D	N
Y	C	S	O	P	O	R	T	O	K	C	E	A	V	S	S

SZÜKSÉG
ŐSZINTESÉG
PÉNZÜGY
KÖZÖSSÉG
TÖRTÉNELEM
GLOBÁLIS
NAGYLELKŰSÉG
CSOPORTOK
IFJÚSÁG
GYERMEKEK
KAPCSOLATOK
EMBEREK
EMBERISÉG
KÜLDETÉS
ALAPOK
JÓTÉKONYSÁG
PROGRAMOK
CÉLOK

14 - Diplomatie

E	A	A	J	I	S	N	H	W	O	K	H	W	U	U	V
B	S	D	V	G	Z	A	U	P	L	E	H	F	L	Y	K
R	B	R	R	A	E	G	M	T	O	V	G	B	R	N	G
K	F	W	R	Z	R	Y	A	A	T	L	C	S	K	Á	N
T	I	S	M	S	Z	K	N	N	B	E	I	Á	S	M	C
E	A	U	P	Á	Ő	Ö	I	Á	E	Y	D	T	M	R	A
V	I	T	A	G	D	V	T	C	R	N	L	I	I	O	C
Ö	C	K	K	O	É	E	Á	S	K	L	Ö	R	K	K	Y
K	Á	I	I	S	S	T	R	A	B	J	F	G	X	O	A
Y	M	L	T	S	J	S	I	D	B	Y	L	E	T	R	E
G	O	F	E	Á	I	É	U	Ó	N	S	Ü	T	M	Á	B
A	L	N	E	G	X	G	S	H	D	J	K	N	H	G	U
N	P	O	G	D	G	Á	S	N	O	T	Z	I	B	L	C
E	I	K	M	E	G	O	L	D	Á	S	D	P	R	O	W
W	D	O	L	B	N	K	Ö	Z	Ö	S	S	É	G	P	X
E	G	Y	Ü	T	T	M	Ű	K	Ö	D	É	S	T	S	Z

KÜLFÖLDI
TANÁCSADÓ
NAGYKÖVETSÉG
NAGYKÖVET
POLGÁROK
DIPLOMÁCIAI
VITA
ETIKA
KÖZÖSSÉG
IGAZSÁGOSSÁG
HUMANITÁRIUS
INTEGRITÁS
KONFLIKTUS
MEGOLDÁS
POLITIKA
KORMÁNY
BIZTONSÁG
NYELVEK
SZERZŐDÉS
EGYÜTTMŰKÖDÉS

15 - Astronomie

S	X	O	M	H	Y	D	C	R	K	T	A	Ü	M	H	N
Ó	Z	D	R	L	Y	H	W	A	Ö	Á	A	S	D	G	C
J	C	U	W	W	J	M	J	K	D	V	Z	T	I	F	W
A	S	C	P	A	N	F	L	É	F	C	M	Ö	T	V	K
H	I	B	É	E	S	F	D	T	O	S	E	K	T	Ö	Z
R	L	O	K	A	R	A	Ö	A	L	Ő	G	Ö	J	T	C
Ű	L	L	G	É	X	N	S	L	T	F	V	S	G	A	X
Z	A	Y	A	V	Z	P	Ó	Z	D	M	Ű	H	O	L	D
I	G	G	L	X	D	L	G	V	T	Z	Y	N	L	L	P
E	Á	Ó	L	G	V	V	H	V	A	E	P	D	Y	Á	R
D	S	D	I	C	S	I	L	L	A	G	R	L	E	J	S
K	Z	P	S	B	I	V	U	I	R	M	O	O	S	U	E
M	H	R	C	A	D	P	F	U	L	S	E	H	I	B	O
U	N	I	V	E	R	Z	U	M	A	Y	T	C	M	D	L
K	O	Z	M	O	S	Z	O	H	M	S	E	A	A	U	A
J	B	E	O	X	C	W	F	Y	C	O	M	O	O	X	T

ASZTEROIDA
ŰRHAJÓS
CSILLAGÁSZ
FÖLD
ÉG
ÜSTÖKÖS
CSILLAGKÉP
KOZMOSZ
METEOR
HOLD
KÖDFOLT
BOLYGÓ
RAKÉTA
MŰHOLD
NAP
CSILLAG
SZUPERNÓVA
TÁVCSŐ
ÁLLATÖV
UNIVERZUM

16 - Ballett

Z	Y	F	G	K	O	S	O	C	N	Á	T	A	X	T	E
K	K	I	X	E	N	E	Z	P	K	M	T	C	P	E	B
Y	I	T	G	A	D	C	P	Ó	I	Y	S	Y	P	C	E
R	T	F	Y	F	B	P	W	I	L	D	T	A	R	H	M
B	Z	F	E	P	Y	A	I	X	Y	Ó	Í	Y	Ó	N	B
T	A	P	S	J	L	U	L	B	V	U	L	H	B	I	D
K	O	M	Z	I	E	Ő	D	E	H	R	U	F	A	K	G
O	T	Ű	J	I	O	Z	Z	D	R	M	S	H	B	A	F
R	P	V	R	I	K	R	Ő	C	N	I	R	Y	W	Z	P
P	Z	É	N	V	X	E	O	Y	L	N	N	E	R	E	A
B	F	S	Á	T	I	Z	N	E	T	N	I	A	J	N	D
L	P	Z	I	F	N	S	F	R	I	T	M	U	S	E	E
M	J	I	K	O	R	E	O	G	R	Á	F	I	A	K	R
N	H	N	G	É	S	N	Ö	Z	Ö	K	R	W	H	A	G
M	S	U	T	Z	S	E	G	H	K	Y	L	C	E	R	K
K	E	C	S	E	S	Z	K	É	S	Z	S	É	G	W	H

KECSES
TAPS
KIFEJEZŐ
BALERINA
KOREOGRÁFIA
KÉSZSÉG
GESZTUS
INTENZITÁS
ZENESZERZŐ
MŰVÉSZI
ZENE
IZMOK
ZENEKAR
PRÓBA
KÖZÖNSÉG
RITMUS
SZÓLÓ
STÍLUS
TÁNCOSOK
TECHNIKA

17 - Geologie

I	G	W	Y	J	G	S	R	S	B	A	R	L	A	N	G
N	Z	K	E	S	E	E	Z	A	F	N	E	U	K	F	H
X	K	F	Z	T	J	N	N	V	A	Ó	M	K	V	K	K
L	Ő	K	L	W	Z	N	K	L	Y	Z	F	V	X	Y	R
N	M	K	D	K	Í	M	Z	D	P	Z	C	S	R	I	N
A	V	W	P	B	R	F	E	N	N	S	Í	K	P	E	X
V	P	F	T	P	U	F	D	R	H	O	B	Y	L	E	F
F	Ö	L	D	R	E	N	G	É	S	Ó	F	P	M	W	H
M	D	C	A	K	C	S	K	O	N	T	I	N	E	N	S
E	I	I	V	O	A	D	C	R	A	V	K	Z	S	W	N
K	U	K	L	R	S	C	N	Z	E	W	U	S	Ó	Ó	A
O	G	L	O	A	O	D	O	T	B	M	G	L	J	R	H
B	O	U	J	L	K	A	L	C	I	U	M	N	Z	G	E
R	P	S	E	L	B	V	G	A	V	U	L	K	Á	N	F
C	L	O	R	Z	D	Á	F	O	S	S	Z	I	L	I	S
U	A	K	V	A	F	L	T	E	D	M	P	J	R	L	A

FÖLDRENGÉS
ERÓZIÓ
FOSSZILIS
OLVADT
GEJZÍR
BARLANG
KALCIUM
KONTINENS
KORALL
LÁVA
FENNSÍK
KVARC
SÓ
SAV
CSEPPKŐ
KŐ
VULKÁN
ZÓNA
CIKLUSOK

18 - Bildende Kunst

F	D	E	K	X	P	F	É	P	S	R	C	Y	L	Z	K
A	Y	P	R	R	E	E	C	P	O	Z	N	B	A	S	E
S	U	E	E	N	R	S	E	É	Í	R	O	J	K	A	R
Z	B	I	A	C	S	T	R	K	D	T	T	B	K	C	Á
É	Ű	O	T	G	P	Ő	U	Y	M	B	É	R	O	Y	M
N	M	L	I	F	E	Á	Z	N	A	G	C	S	É	R	I
S	R	W	V	W	K	L	A	É	O	M	Y	Z	Z	A	A
S	E	J	I	J	T	L	I	F	Z	S	A	I	V	E	E
T	T	Y	T	Y	Í	V	F	E	S	T	M	É	N	Y	T
O	S	D	Á	J	V	Á	P	B	É	M	W	M	I	C	T
L	E	R	S	Y	A	N	K	S	V	I	G	O	V	F	U
L	M	F	S	N	T	Y	J	X	Ű	K	T	C	O	F	M
A	A	V	Z	V	É	F	L	X	M	C	U	Z	I	O	F
T	P	Y	B	P	R	W	M	Y	G	A	G	Y	A	G	M
Z	Z	L	U	N	K	S	T	E	N	C	I	L	W	D	J
J	L	W	J	E	O	M	R	E	K	S	T	G	F	R	B

ÉPÍTÉSZET
CERUZA
FILM
FÉNYKÉP
FESTMÉNY
FASZÉN
KERÁMIA
KREATIVITÁS
KRÉTA
MŰVÉSZ
LAKK
MESTERMŰ
PERSPEKTÍVA
PORTRÉ
STENCIL
SZOBOR
FESTŐÁLLVÁNY
TOLL
AGYAG
VIASZ

19 - Sport

S	F	W	R	M	T	R	O	P	S	V	L	G	W	O	I
N	X	Ő	Z	D	E	E	K	I	T	A	R	T	Á	S	Z
X	N	W	F	B	J	T	S	E	R	Ő	P	Z	T	N	M
P	R	O	G	R	A	M	A	T	A	W	L	J	Á	A	O
T	W	I	D	D	C	L	O	B	W	T	D	P	N	L	K
N	V	U	W	I	Z	L	D	F	O	D	L	M	C	F	U
R	W	C	I	R	R	H	N	R	I	L	V	É	Y	Z	N
T	Á	P	L	Á	L	K	O	Z	Á	S	I	N	T	Z	N
X	I	H	Y	H	C	A	Z	O	R	W	N	K	X	A	K
C	É	L	L	S	H	C	F	M	H	V	Z	O	U	M	É
Z	M	D	R	O	L	D	O	U	M	A	S	T	Y	S	P
D	I	É	T	A	L	F	U	S	J	B	Ú	N	P	V	E
F	J	K	O	C	O	G	Á	S	T	H	S	O	B	N	S
A	L	E	G	É	S	Z	S	É	G	L	F	S	Z	I	S
K	E	R	É	K	P	Á	R	O	Z	Á	S	C	F	I	É
M	A	X	I	M	A	L	I	Z	Á	L	Á	S	V	B	G

ATLÉTA
KITARTÁS
DIÉTA
TÁPLÁLKOZÁS
KÉPESSÉG
EGÉSZSÉG
KOCOGÁS
CSONTOK
TEST
MAXIMALIZÁLÁS
METABOLIKUS
IZMOK
PROGRAM
KERÉKPÁROZÁS
ÚSZNI
SPORT
ERŐ
TÁNC
EDZŐ
CÉL

20 - Mythologie

C	T	K	A	T	A	S	Z	T	R	Ó	F	A	T	U	R
V	G	E	V	I	S	E	L	K	E	D	É	S	E	W	D
G	I	B	R	U	T	R	D	H	G	O	S	G	R	O	I
I	M	L	E	E	D	F	T	P	X	W	U	É	E	B	L
S	A	O	L	O	M	T	Z	K	F	O	T	S	M	O	E
U	I	D	X	Á	H	T	S	Z	Ö	R	N	Y	T	S	G
P	U	C	N	G	M	A	M	F	G	L	I	N	É	S	E
Í	M	G	X	H	O	D	R	É	I	M	R	E	S	Z	N
T	M	M	S	O	F	E	M	C	N	W	I	K	U	Ú	D
E	S	C	V	Y	F	R	G	U	O	Y	B	É	K	U	A
H	A	L	A	N	D	Ó	U	W	B	S	A	T	I	A	R
C	F	N	O	N	U	C	P	E	L	T	L	L	G	F	Ú
R	T	X	H	E	Y	B	A	R	L	U	F	É	Á	C	T
A	C	U	O	M	D	I	Y	T	P	E	O	F	M	E	L
O	H	Ő	S	A	M	L	A	D	A	I	D	W	X	R	U
M	E	N	N	Y	D	Ö	R	G	É	S	R	N	C	Ő	K

ARCHETÍPUS
VILLÁM
MENNYDÖRGÉS
FÉLTÉKENYSÉG
HŐS
MENNY
KATASZTRÓFA
TEREMTÉS
TEREMTMÉNY
HARCOS

KULTÚRA
LABIRINTUS
LEGENDA
MÁGIKUS
SZÖRNY
BOSSZÚ
ERŐ
HALANDÓ
DIADALMAS
VISELKEDÉS

21 - Restaurant #2

Z	C	G	Z	B	I	Ó	G	Y	Ü	M	Ö	L	C	S	K
V	I	L	L	A	R	O	S	C	A	V	H	M	U	F	A
H	V	X	R	C	B	X	K	W	T	G	A	V	D	I	N
U	T	L	H	M	U	N	S	I	Á	S	L	C	E	N	Á
R	L	L	U	D	V	Í	Z	L	L	B	E	S	O	O	L
X	S	J	C	E	E	X	C	T	A	D	S	A	R	M	A
X	J	N	X	D	Y	T	V	A	S	M	Z	U	T	J	X
K	P	I	N	C	É	R	O	E	M	G	R	T	A	É	N
V	P	X	D	F	K	B	G	R	B	S	D	B	X	G	N
N	W	V	A	U	B	N	E	E	T	Y	H	O	B	Z	V
X	U	A	Y	S	J	M	Y	L	T	A	S	I	Z	O	I
V	V	T	D	E	L	V	O	Ő	V	E	O	X	E	S	B
C	N	Z	M	V	X	R	L	É	S	Z	É	K	K	Y	O
F	Ű	S	Z	E	R	E	K	T	I	T	A	L	N	I	H
Z	R	É	C	L	X	U	K	E	G	É	S	D	L	Ö	Z
O	I	T	M	E	B	O	P	L	C	Z	W	J	A	P	W

VACSORA
JÉG
HAL
GYÜMÖLCS
VILLA
ZÖLDSÉGEK
ITAL
FŰSZEREK
PINCÉR
FINOM
TORTA
KANÁL
EBÉD
TÉSZTA
SALÁTA
SÓ
SZÉK
LEVES
ELŐÉTEL
VÍZ

22 - Ökologie

N	S	O	K	F	É	L	E	S	É	G	Z	I	N	Y	T
T	Ö	V	V	V	A	I	P	K	K	M	G	Y	Ö	L	M
E	F	V	S	V	D	Y	T	E	Z	Y	N	É	V	Ö	N
R	O	Z	É	A	W	H	H	G	D	Z	U	C	É	P	Ö
M	R	T	L	N	N	F	Y	R	Z	V	N	D	N	L	N
É	R	É	É	U	Y	H	E	G	Y	E	K	E	Y	F	K
S	Á	L	L	A	L	V	D	Z	B	I	G	M	E	B	É
Z	S	Ő	Ú	F	Á	X	I	Y	W	Y	G	F	K	Z	N
E	O	H	T	D	Z	T	H	L	O	G	Z	Y	U	É	T
T	K	E	T	M	S	X	E	R	Á	S	C	O	M	G	E
G	V	L	F	J	A	F	J	N	Z	G	K	G	V	H	S
K	L	Y	Y	E	D	F	A	Y	G	V	L	N	E	A	E
G	L	O	B	Á	L	I	S	W	Z	E	P	U	O	J	K
T	E	R	M	É	S	Z	E	T	E	S	R	A	R	L	R
K	Ö	Z	Ö	S	S	É	G	E	K	V	F	I	W	A	O
F	E	N	N	T	A	R	T	H	A	T	Ó	Y	U	T	V

FAJ
HEGYEK
ASZÁLY
FAUNA
NÖVÉNYVILÁG
ÖNKÉNTESEK
KÖZÖSSÉGEK
GLOBÁLIS
ÉGHAJLAT
ÉLŐHELY

TENGERI
FENNTARTHATÓ
TERMÉSZET
TERMÉSZETES
NÖVÉNYEK
FORRÁSOK
MOCSÁR
TÚLÉLÉS
NÖVÉNYZET
SOKFÉLESÉG

23 - Schokolade

C	G	K	H	O	C	T	K	J	C	U	H	F	M	S	V
K	U	E	C	S	H	K	Ó	L	T	T	M	B	R	N	S
J	M	D	A	D	W	N	K	I	H	L	W	D	Z	Á	Y
E	B	V	G	F	I	W	U	K	C	I	T	K	Y	D	B
F	X	E	V	W	C	X	S	E	D	É	P	B	S	I	M
M	O	N	I	F	G	M	Z	Í	E	K	E	L	J	X	Ű
X	A	C	R	X	D	A	D	O	I	V	C	U	K	O	R
E	F	G	É	S	Ő	N	I	M	O	K	E	X	F	I	E
K	G	M	L	G	N	S	Ó	R	O	P	R	X	V	T	S
A	Y	Z	M	H	V	T	W	S	Ó	F	O	I	N	N	E
K	A	Y	O	O	O	S	Y	V	X	L	Y	R	E	A	K
A	Ő	V	E	T	E	Z	S	S	Ö	R	A	M	O	R	A
Ó	F	Y	S	I	I	T	W	X	J	T	K	K	B	N	C
R	C	F	P	U	B	K	S	Ó	V	Á	R	G	Á	S	A
Z	P	P	Z	I	N	C	U	K	A	R	A	M	E	L	L
K	Z	M	X	B	U	H	P	S	V	P	L	W	W	M	N

ANTIOXIDÁNS
AROMA
KESERŰ
ENNI
EGZOTIKUS
KEDVENC
ÍZ
KAKAÓ
KALÓRIA
KARAMELL
KÓKUSZDIÓ
FINOM
POR
MINŐSÉG
RECEPT
ÉDES
SÓVÁRGÁS
CUKOR
ÖSSZETEVŐ

24 - Boote

R	R	T	N	W	Y	F	H	P	C	V	O	J	M	G	T
P	M	O	K	B	N	F	O	M	I	I	B	U	L	C	Ó
U	X	O	J	E	O	O	R	L	É	T	Ö	K	O	U	Y
S	E	K	T	Y	X	L	G	P	O	O	T	B	Ó	J	A
A	B	A	K	O	R	Y	O	U	A	R	E	G	N	E	T
W	X	I	V	E	R	Ó	N	I	H	L	T	É	F	X	R
J	X	C	Z	A	N	G	Y	V	S	Á	E	S	R	W	K
G	L	Z	K	M	I	U	R	M	U	S	N	Y	T	P	N
J	H	U	L	L	Á	M	O	K	I	W	G	N	D	L	H
G	S	P	M	H	R	G	P	B	S	O	E	É	J	P	C
T	R	O	N	G	P	S	O	W	J	N	R	G	A	Z	T
M	E	N	T	Ő	C	S	Ó	N	A	K	I	E	C	R	G
K	A	J	A	K	K	O	D	O	T	U	K	L	H	Z	Z
R	H	N	J	D	X	E	B	V	U	F	W	H	T	N	H
Ó	C	E	Á	N	Z	I	M	R	T	J	X	Y	L	P	P
U	M	V	B	G	K	K	Z	A	Á	J	O	N	X	W	F

HORGONY
BÓJA
LEGÉNYSÉG
DOKK
KOMP
TUTAJ
FOLYÓ
KAJAK
KENU
ÁRBOC

TENGER
MOTOR
TENGERI
ÓCEÁN
MENTŐCSÓNAK
TÓ
VITORLÁS
KÖTÉL
HULLÁMOK
JACHT

25 - Stadt

C	P	P	V	M	E	T	E	Y	G	E	E	T	N	Y	S
M	W	I	H	F	Ú	É	T	T	E	R	E	M	X	D	Z
N	M	A	G	H	G	Z	S	Y	A	Y	S	L	P	G	Í
R	C	C	R	Á	T	R	E	Z	S	Y	G	Ó	Y	G	N
T	K	L	I	N	I	K	A	U	E	T	S	W	W	X	H
Á	L	L	A	T	K	E	R	T	M	G	A	Z	F	X	Á
R	V	I	R	Á	G	Á	R	U	S	M	T	D	Z	A	Z
T	E	K	R	A	M	R	E	P	U	Z	S	O	I	D	C
P	T	P	M	O	Z	I	G	A	L	É	R	I	A	O	K
É	O	P	Ü	W	G	G	J	L	A	W	M	M	X	L	N
K	M	K	I	L	L	O	O	O	L	M	X	M	F	L	A
S	X	B	F	B	Ő	I	L	K	X	S	J	D	H	Á	B
É	S	U	W	M	N	T	S	S	G	Z	S	L	H	Z	W
G	W	I	R	S	H	S	É	I	F	P	L	L	F	S	R
K	I	R	S	F	T	V	L	R	Á	T	V	Y	N	Ö	K
K	Ö	N	Y	V	E	S	B	O	L	T	N	J	F	A	J

GYÓGYSZERTÁR
BANK
PÉKSÉG
KÖNYVTÁR
VIRÁGÁRUS
KÖNYVESBOLT
REPÜLŐTÉR
GALÉRIA
SZÁLLODA
MOZI
KLINIKA
PIAC
MÚZEUM
ÉTTEREM
ISKOLA
STADION
SZUPERMARKET
SZÍNHÁZ
EGYETEM
ÁLLATKERT

26 - Aktivitäten

K	F	K	D	V	K	W	F	T	Y	F	E	K	N	L	S
T	É	I	E	T	A	Z	S	Á	L	A	H	Z	A	R	Z
E	F	Z	H	R	S	D	Y	N	É	M	T	S	E	F	A
V	É	C	M	Y	Á	J	Á	C	W	W	K	É	P	T	B
É	N	W	Ö	Ű	B	M	S	S	M	I	D	T	U	G	A
K	Y	Y	R	X	V	P	I	Z	Z	X	T	Ö	I	H	D
E	K	R	Ö	U	E	E	T	A	P	A	L	K	X	U	I
N	É	D	C	H	C	J	S	L	F	L	T	O	W	F	D
Y	P	S	Á	D	Ó	L	O	S	C	P	A	K	I	K	Ő
S	E	K	E	M	P	I	N	G	É	M	Á	G	I	A	P
É	Z	M	Ű	V	É	S	Z	E	T	G	H	J	O	P	O
G	É	K	E	R	T	É	S	Z	K	E	D	É	S	V	G
Z	S	Á	S	A	V	L	O	T	Ú	R	Á	Z	Á	S	V
J	Á	T	É	K	O	K	V	M	C	D	V	Z	V	E	P
V	A	R	R	Á	S	L	G	U	M	C	B	N	M	H	Z
V	O	D	W	K	T	T	D	N	J	G	S	M	P	B	J

TEVÉKENYSÉG
HALÁSZAT
KEMPING
KIKAPCSOLÓDÁS
FÉNYKÉPEZÉS
SZABADIDŐ
KERTÉSZKEDÉS
FESTMÉNY
VADÁSZAT
KERÁMIA
MŰVÉSZET
KÉZMŰVESSÉG
OLVASÁS
MÁGIA
VARRÁS
JÁTÉKOK
KÖTÉS
TÁNC
ÖRÖM
TÚRÁZÁS

27 - Bienen

O	L	J	J	F	W	D	D	V	B	D	E	F	É	F	X
R	J	O	N	Ö	V	É	N	Y	E	K	Y	D	L	Z	A
Ö	P	T	B	K	O	G	Á	R	I	V	L	S	Ő	F	R
N	K	A	Y	N	R	Á	Z	S	R	M	Ő	K	H	R	H
V	A	O	M	X	L	R	B	Ö	E	É	N	S	E	R	K
L	J	P	S	K	K	I	F	Y	P	Z	Y	B	L	X	X
R	A	J	Z	Z	C	V	N	N	V	Y	L	S	Y	J	U
Y	J	U	G	L	I	J	M	Ő	I	R	Á	O	A	T	B
U	J	X	M	I	B	S	J	L	F	O	R	L	S	D	F
P	O	L	L	E	N	T	Z	E	Z	V	I	Z	C	C	U
I	T	V	J	W	U	R	Á	T	P	A	K	F	L	Z	Z
B	E	P	O	R	Z	Ó	B	R	É	R	W	T	Ö	B	J
K	F	B	K	T	F	H	F	E	L	M	P	C	M	F	S
R	G	É	S	E	L	É	F	K	O	S	A	F	Ü	S	T
F	F	D	K	V	R	T	O	I	M	B	T	B	Y	P	B
V	I	A	S	Z	H	B	L	T	X	L	T	Y	G	I	Z

BEPORZÓ
KAPTÁR
VIRÁGOK
VIRÁG
SZÁRNYAK
GYÜMÖLCS
KERT
MÉZ
ROVAR
KIRÁLYNŐ
ÉLŐHELY
ÖKOSZISZTÉMA
NÖVÉNYEK
POLLEN
FÜST
RAJ
NAP
SOKFÉLESÉG
ELŐNYÖS
VIASZ

28 - Wissenschaftliche Disziplinen

B	Á	S	V	Á	N	Y	T	A	N	C	F	G	O	W	J
B	I	C	S	I	L	L	A	G	Á	S	Z	A	T	E	C
O	I	O	J	P	S	Z	I	C	H	O	L	Ó	G	I	A
T	S	A	K	I	M	A	N	I	D	O	M	R	E	T	I
A	S	I	S	É	N	E	U	R	O	L	Ó	G	I	A	G
N	X	M	A	C	M	S	T	R	L	F	L	X	M	F	Ó
I	V	É	F	G	Z	I	I	J	Z	P	D	Y	Z	W	L
K	T	K	S	Y	G	Z	A	I	G	Ó	L	O	K	Ö	O
A	R	É	G	É	S	Z	E	T	A	Y	S	C	Y	J	I
B	I	O	L	Ó	G	I	A	I	M	Ó	T	A	N	A	Z
Á	L	L	A	T	T	A	N	S	X	V	A	S	F	B	I
K	I	N	E	Z	I	O	L	Ó	G	I	A	U	X	X	F
S	Z	O	C	I	O	L	Ó	G	I	A	U	U	F	D	T
T	T	O	N	Y	E	L	V	É	S	Z	E	T	U	A	O
M	E	C	H	A	N	I	K	A	I	G	Ó	L	O	E	G
W	H	S	I	M	M	U	N	O	L	Ó	G	I	A	O	S

ANATÓMIA
RÉGÉSZET
CSILLAGÁSZAT
BIOKÉMIA
BIOLÓGIA
BOTANIKA
KÉMIA
GEOLÓGIA
IMMUNOLÓGIA
KINEZIOLÓGIA

NYELVÉSZET
MECHANIKA
ÁSVÁNYTAN
NEUROLÓGIA
ÖKOLÓGIA
FIZIOLÓGIA
PSZICHOLÓGIA
SZOCIOLÓGIA
TERMODINAMIKA
ÁLLATTAN

29 - Vögel

H	K	C	Ó	H	B	S	J	H	I	G	G	K	B	V	Z
A	A	Y	L	Ó	G	A	Á	I	C	N	U	A	J	X	T
F	C	F	L	G	E	S	G	S	I	R	Á	L	Y	E	R
L	S	C	O	N	U	Á	A	O	M	C	P	E	P	V	D
I	A	H	H	I	K	J	P	V	L	A	E	L	U	V	V
N	B	L	F	M	F	O	A	T	U	Y	L	G	P	T	Z
H	M	U	J	A	O	T	P	Z	C	N	I	D	O	P	D
S	A	B	I	L	P	T	K	I	H	K	K	C	O	P	N
G	L	T	V	F	Á	D	O	F	I	H	Á	B	Z	W	E
N	A	T	T	F	V	N	V	L	E	C	N	X	O	V	U
A	G	G	F	Y	A	N	A	I	S	K	F	G	Z	E	T
F	Y	B	X	W	Ú	L	K	Z	W	Y	A	I	O	R	E
T	G	Y	A	A	Z	N	R	R	I	H	A	K	M	É	G
V	A	R	J	Ú	U	J	U	N	Z	L	J	A	U	B	N
N	H	P	N	J	I	I	P	I	N	G	V	I	N	K	P
D	L	V	Z	C	S	I	R	K	E	B	N	Y	N	O	K

SAS
TOJÁS
KACSA
BAGOLY
FLAMINGÓ
LIBA
CSIRKE
VARJÚ
KAKUKK
SIRÁLY
PAPAGÁJ
PELIKÁN
PÁVA
PINGVIN
HOLLÓ
GÉM
HATTYÚ
VERÉB
GÓLYA
GALAMB

30 - Biologie

F	O	T	O	S	Z	I	N	T	É	Z	I	S	O	N	K
I	N	B	F	U	H	Ü	L	L	Ő	G	Y	M	A	E	L
E	V	O	L	Ú	C	I	Ó	Y	Ó	I	C	Á	T	U	M
S	Z	I	M	B	I	Ó	Z	I	S	D	Ó	B	P	R	N
K	P	W	X	U	W	N	K	M	U	N	I	S	I	O	Ö
E	R	Z	V	A	D	N	F	E	H	É	R	J	E	N	V
A	W	O	T	X	Z	K	Z	Z	S	G	B	X	V	O	É
B	A	I	M	Ó	T	A	N	A	C	A	M	J	R	M	N
O	W	X	C	O	Z	C	O	K	Z	L	E	T	E	R	Y
G	Z	C	I	F	S	I	D	E	G	L	E	D	K	O	E
S	F	M	O	R	J	Z	D	D	I	O	B	N	F	H	K
E	I	M	Ó	O	S	T	Ó	Z	G	K	Z	X	Z	E	H
J	A	W	N	Z	I	M	I	M	T	U	S	Z	K	I	J
T	A	D	S	S	I	Z	S	P	A	N	I	Z	S	E	M
K	T	L	Y	A	O	S	E	M	L	Ő	S	L	N	P	I
T	E	R	M	É	S	Z	E	T	E	S	G	W	Z	W	E

ANATÓMIA
KROMOSZÓMA
EMBRIÓ
ENZIM
EVOLÚCIÓ
HORMON
KOLLAGÉN
MUTÁCIÓ
TERMÉSZETES
IDEG
NEURON
OZMÓZIS
NÖVÉNYEK
FOTOSZINTÉZIS
FEHÉRJE
HÜLLŐ
EMLŐS
SZIMBIÓZIS
SZINAPSZIS
SEJT

31 - Garten

R	E	Y	A	T	N	T	E	G	G	K	X	V	T	K	N
P	G	B	N	E	H	Ö	F	K	E	E	A	A	A	O	N
G	Y	O	M	O	K	M	D	L	R	R	Y	K	L	T	T
E	T	X	S	L	N	L	J	A	E	Í	H	W	A	R	C
G	H	V	Y	L	H	Ő	G	V	B	T	T	F	J	A	C
W	M	Y	I	U	J	W	G	T	L	É	J	M	W	M	U
S	F	V	G	R	O	K	O	B	Y	S	N	X	J	B	V
K	V	J	R	A	Á	L	S	F	E	U	G	V	C	U	R
C	E	Y	S	K	R	G	G	Y	E	P	I	E	J	L	O
M	X	R	Y	S	C	Á	N	R	O	T	I	A	U	I	L
H	P	P	T	C	M	C	Z	S	A	R	E	T	I	N	P
P	U	D	Á	A	U	S	Ö	S	C	L	Ö	M	Ü	Y	G
A	L	X	P	V	Ű	E	B	J	Y	I	Y	O	F	D	L
B	D	P	A	A	F	Ü	G	G	Ő	Á	G	Y	A	R	H
D	U	J	L	T	P	A	D	Y	C	T	L	R	A	X	A
N	V	N	G	A	A	Z	T	D	S	V	Z	Y	E	L	U

PAD
FA
VIRÁG
TALAJ
BOKOR
GARÁZS
KERT
FŰ
FÜGGŐÁGY
GYÜMÖLCSÖS
GYEP
GEREBLYE
LAPÁT
TÖMLŐ
TAVACSKA
TERASZ
TRAMBULIN
GYOMOK
TORNÁC
KERÍTÉS

32 - Antarktis

T	O	X	S	N	E	N	I	T	N	O	K	O	B	K	K
H	O	B	S	L	V	X	J	É	G	T	Y	N	A	R	Ö
Ő	L	P	T	J	K	X	P	M	B	D	U	I	Y	M	R
M	Z	H	O	F	J	Ó	D	E	E	V	Í	Z	R	K	N
É	J	X	A	G	X	I	M	R	D	G	N	Z	T	L	Y
R	A	G	D	I	R	C	A	J	C	Í	Ő	P	R	G	E
S	R	P	S	D	P	Á	U	K	T	G	C	R	H	F	Z
É	D	A	Z	Ő	I	R	F	R	Ó	Z	X	I	Z	C	E
K	L	F	L	J	N	G	U	I	T	G	L	Z	Ó	É	T
L	Ö	B	Ö	Á	G	I	K	K	A	R	A	D	A	M	S
E	F	Y	F	R	V	M	K	E	T	E	G	I	Z	S	Á
T	K	V	G	Á	I	A	T	I	U	J	H	W	K	Z	L
G	Z	Z	W	S	N	X	Y	M	K	A	X	L	V	A	K
J	O	X	F	T	E	G	I	Z	S	L	É	F	B	G	I
J	X	N	N	I	K	O	T	O	B	H	I	B	X	R	Z
P	G	L	E	C	C	S	E	R	E	K	P	S	G	V	S

ÖBÖL
JÉG
MEGŐRZÉS
EXPEDÍCIÓ
SZIKLÁS
KUTATÓ
FÖLDRAJZ
GLECCSEREK
FÉLSZIGET
SZIGETEK

KONTINENS
MIGRÁCIÓ
PINGVINEK
HŐMÉRSÉKLET
TOPOGRÁFIA
KÖRNYEZET
MADARAK
VÍZ
IDŐJÁRÁS

33 - Fahren

S	J	F	O	D	Y	K	F	R	B	L	D	V	F	D	X
E	G	O	M	H	F	A	A	E	A	F	K	I	M	C	X
B	Y	R	D	N	O	M	U	N	L	É	Z	G	Y	L	J
E	Y	G	B	A	E	I	T	D	E	K	C	Y	Y	B	M
S	H	A	E	G	I	O	Ó	Ő	S	E	G	Á	C	U	O
S	Ü	L	V	N	D	N	L	R	E	K	Á	Z	F	G	T
É	Z	O	A	B	G	X	Y	S	T	G	S	A	E	Á	O
G	E	M	L	I	X	E	V	É	F	S	N	T	W	Z	R
B	M	A	A	K	W	Y	D	G	Z	Z	O	K	I	X	K
U	A	M	G	O	M	V	A	É	M	O	T	O	R	W	E
S	N	Z	Ú	O	O	L	F	Y	L	É	Z	S	E	V	R
Z	Y	R	T	V	G	U	C	W	P	Y	I	Z	L	B	É
U	A	S	Z	Á	L	L	Í	T	Á	S	B	Á	I	N	K
M	G	Y	G	A	M	Y	T	P	P	É	K	R	É	T	P
X	M	O	A	E	C	K	D	V	F	N	M	A	Y	P	Á
A	P	B	E	H	Z	N	A	H	T	X	C	G	W	F	R

AUTÓ
FÉKEK
ÜZEMANYAG
BUSZ
GARÁZS
GÁZ
VESZÉLY
SEBESSÉG
TÉRKÉP
ENGEDÉLY
KAMION
MOTOR
MOTORKERÉKPÁR
RENDŐRSÉG
BIZTONSÁG
SZÁLLÍTÁS
ALAGÚT
BALESET
FORGALOM
VIGYÁZAT

34 - Physik

M	G	É	S	S	E	S	E	N	G	Á	M	E	E	R	N
E	É	Á	N	Á	F	D	M	E	H	Z	O	L	G	X	K
C	S	Z	Z	L	R	Y	O	M	K	R	T	E	Y	Z	P
H	S	L	X	U	E	O	G	D	Á	S	A	K	E	V	Z
A	E	B	Y	S	K	R	C	M	O	R	C	T	T	C	S
N	B	M	M	R	V	I	É	K	S	M	L	R	E	V	Ű
I	E	O	W	O	E	W	Y	S	Z	L	J	O	M	F	R
K	S	T	I	Y	N	C	F	I	Z	K	X	N	E	B	Ű
A	C	O	N	G	C	W	H	R	J	E	J	X	S	V	S
S	L	R	Z	B	I	E	Y	Á	R	Z	C	X	U	G	É
Y	V	U	F	G	A	L	T	E	L	R	É	S	Í	K	G
W	A	H	K	V	P	L	W	L	X	E	L	A	K	U	P
H	J	O	T	E	L	P	É	K	R	I	C	F	R	E	N
T	Ö	M	E	G	L	K	R	U	K	É	M	I	A	I	Y
M	A	L	Z	X	B	O	W	N	G	Z	T	V	E	C	Z
I	G	C	O	P	J	C	M	K	G	N	Z	D	L	S	I

ATOM
GYORSULÁS
KÁOSZ
KÉMIAI
SŰRŰSÉG
ELEKTRON
KÍSÉRLET
KÉPLET
FREKVENCIA
GÁZ
SEBESSÉG
MÁGNESESSÉG
TÖMEG
MECHANIKA
MOLEKULA
MOTOR
NUKLEÁRIS
RÉSZECSKE
EGYETEMES

35 - Bücher

I	T	K	V	K	P	W	T	A	Z	O	R	O	S	I	X
R	A	P	Z	O	D	U	T	R	G	L	D	I	M	F	C
O	L	V	W	N	I	R	O	S	É	O	C	H	Y	U	B
D	Á	O	C	T	A	E	R	U	S	F	L	Z	E	K	K
A	L	T	B	E	B	G	Í	I	S	F	Á	V	M	V	O
L	É	R	O	X	T	É	H	I	Ő	P	O	S	A	B	E
M	K	A	L	T	W	N	E	Z	T	G	S	W	W	S	T
I	O	G	D	U	T	Y	Z	F	T	R	N	J	M	U	Ó
H	N	I	A	S	Ö	S	B	Z	E	L	C	Z	I	O	N
D	Y	K	L	F	R	L	S	W	K	N	F	K	W	J	A
V	H	U	R	M	T	K	Ö	L	T	É	S	Z	E	T	R
Y	E	S	D	K	É	K	A	L	A	N	D	K	B	S	R
Z	P	R	K	Y	N	É	M	E	T	J	Ű	Y	G	I	Á
I	K	W	S	N	E	E	P	I	K	U	S	Z	Y	N	T
R	R	H	B	Z	T	S	Z	E	R	Z	Ő	P	M	O	O
E	M	W	T	Ö	R	T	É	N	E	L	M	I	M	Y	R

KALAND
SZERZŐ
KETTŐSSÉG
EPIKUS
TALÁLÉKONY
NARRÁTOR
VERS
TÖRTÉNET
ÍROTT
TÖRTÉNELMI
TRÉFÁS
GYŰJTEMÉNY
KONTEXTUS
OLVASÓ
IRODALMI
KÖLTÉSZET
REGÉNY
OLDAL
SOROZAT
TRAGIKUS

36 - Menschlicher Körper

K	É	Z	K	K	M	S	J	O	I	Z	Y	K	A	C	Z
V	V	Z	Ö	R	B	D	Z	N	C	R	O	B	B	E	D
P	K	A	N	I	T	V	J	Á	P	G	N	U	O	W	Y
C	E	S	Y	J	M	N	Z	A	J	E	F	Z	L	K	G
B	X	Y	Ö	N	X	Y	F	H	J	B	A	M	G	U	A
M	S	E	K	Y	D	K	I	V	U	F	K	D	U	L	A
Y	O	X	F	E	K	C	G	Z	Á	S	O	G	Z	N	V
F	F	O	R	L	J	Z	L	L	L	L	L	Á	J	W	L
Z	E	V	H	V	P	F	Á	U	G	V	L	F	Ü	L	N
O	J	A	X	O	L	U	B	E	D	É	L	H	X	A	Y
C	T	Z	T	P	M	Y	V	F	D	R	É	T	C	T	A
Á	L	L	K	A	P	O	C	S	X	R	Y	H	A	N	K
U	F	F	P	Y	R	P	R	M	X	O	T	B	B	D	A
U	T	V	T	K	X	T	A	C	H	W	Z	J	Ő	Y	U
K	A	W	Z	E	S	Z	Í	V	P	F	F	D	R	O	Z
G	K	L	N	V	P	A	I	C	X	Z	U	X	E	L	A

LÁB
VÉR
KÖNYÖK
UJJ
AGY
ARC
NYAK
KÉZ
BŐR
SZÍV
ÁLLKAPOCS
ÁLL
TÉRD
BOKA
FEJ
SZÁJ
ORR
FÜL
VÁLL
NYELV

37 - Agronomie

R	E	T	J	T	R	G	G	J	P	F	G	K	Y	R	J
F	E	Y	A	D	A	S	Z	E	N	N	Y	E	Z	É	S
E	W	N	N	N	Z	L	J	Y	L	N	N	Y	O	O	E
N	L	Á	D	P	U	S	A	I	G	R	E	N	E	C	V
N	L	M	V	S	E	L	L	J	A	J	T	É	M	R	R
T	N	O	K	S	Z	B	M	Y	T	R	C	V	J	G	E
A	Ö	D	U	V	Í	E	W	Á	K	G	C	Ö	D	Y	Z
R	V	U	I	I	V	V	R	J	N	G	X	N	D	X	S
T	E	T	T	D	V	O	D	E	A	Y	G	Á	R	T	Y
H	K	C	X	É	T	D	H	O	K	I	R	P	R	N	O
A	E	Ó	N	K	K	Ö	R	N	Y	E	Z	E	T	T	P
T	D	I	A	I	G	Ó	L	O	K	Ö	R	S	R	P	Z
Ó	É	Z	Ö	L	D	S	É	G	E	K	S	I	E	H	G
T	S	Ó	M	E	Z	Ő	G	A	Z	D	A	S	Á	G	A
P	G	R	D	B	E	T	E	G	S	É	G	E	K	V	G
J	M	E	K	M	U	T	E	R	M	E	L	É	S	Y	A

TALAJ
TRÁGYA
ENERGIA
ERÓZIÓ
ZÖLDSÉGEK
BETEGSÉGEK
MEZŐGAZDASÁG
VIDÉKI
FENNTARTHATÓ
SZERVES
ÖKOLÓGIA
NÖVÉNYEK
TERMELÉS
TANULMÁNY
RENDSZEREK
KÖRNYEZET
SZENNYEZÉS
NÖVEKEDÉS
VÍZ
TUDOMÁNY

38 - Landschaften

G	M	H	B	K	K	Z	Z	U	I	T	E	G	I	Z	S
L	G	V	S	N	K	W	J	B	Ó	E	P	G	X	E	É
E	G	Z	T	S	M	J	U	O	Y	N	T	O	T	S	S
C	T	L	R	Á	S	C	O	M	L	G	Ó	K	U	W	E
C	U	I	A	G	E	E	G	H	O	E	E	L	V	S	Z
S	N	K	N	Á	K	L	U	V	F	R	P	H	N	M	Í
E	D	G	D	C	W	G	H	E	G	Y	A	A	G	A	V
R	R	T	E	G	I	Z	S	L	É	F	T	N	D	É	M
A	A	I	Y	J	D	B	U	B	M	O	D	N	H	X	J
S	N	Z	I	O	Z	M	T	M	I	Á	Y	G	V	W	Z
C	N	O	J	D	N	Í	L	U	B	Z	L	X	C	H	E
S	I	V	A	T	A	G	R	F	B	I	N	L	V	V	Z
I	U	N	T	C	Z	N	A	K	H	S	X	R	Ö	S	Z
U	L	H	B	A	R	L	A	N	G	E	Y	P	L	B	R
G	P	M	U	A	N	J	X	A	C	T	Y	C	G	Z	Ö
H	I	K	N	K	H	J	A	G	F	N	L	E	Y	O	P

HEGY
JÉGHEGY
FOLYÓ
GEJZÍR
GLECCSER
ÖBÖL
FÉLSZIGET
BARLANG
DOMB
SZIGET
TENGER
OÁZIS
TÓ
STRAND
MOCSÁR
VÖLGY
TUNDRA
VULKÁN
VÍZESÉS
SIVATAG

39 - Abenteuer

B	I	Z	T	O	N	S	Á	G	D	F	F	S	L	R	T
R	U	R	J	U	S	É	T	Í	Z	S	É	K	Ő	L	E
V	R	S	F	G	T	E	L	Z	V	S	Z	F	Y	A	R
E	Ú	U	D	Á	R	A	H	X	M	Ö	R	Ö	M	Z	M
S	M	T	X	S	C	Y	Z	V	G	Z	U	H	E	N	É
Z	E	T	V	R	W	H	J	Á	É	M	P	B	D	A	S
É	G	E	K	O	K	S	G	É	S	P	É	Z	S	V	Z
L	L	V	I	T	N	R	V	O	Ő	O	Ú	P	É	I	E
Y	E	É	R	Á	A	A	F	I	T	P	K	J	D	G	T
E	P	K	Á	B	L	F	L	V	E	G	W	E	E	Á	B
S	Ő	E	N	B	T	T	A	V	H	P	Z	K	S	C	A
Y	K	N	D	G	A	K	E	R	E	K	H	B	E	I	R
A	B	Y	U	J	K	K	L	N	L	N	F	H	K	Ó	Á
K	V	S	L	N	O	E	S	É	L	Y	B	Y	L	R	T
C	L	É	Á	T	Z	K	G	É	S	Z	É	H	E	N	O
C	Y	G	S	S	S	T	G	H	U	V	K	X	L	J	K

TEVÉKENYSÉG
KIRÁNDULÁS
LELKESEDÉS
ESÉLY
ÖRÖM
BARÁTOK
VESZÉLYES
LEHETŐSÉG
TERMÉSZET
NAVIGÁCIÓ

ÚJ
UTAZÁSOK
ÚTVONAL
SZÉPSÉG
NEHÉZSÉG
BIZTONSÁG
BÁTORSÁG
SZOKATLAN
MEGLEPŐ
ELŐKÉSZÍTÉS

40 - Flugzeuge

K	S	M	A	Z	J	Y	G	I	G	Y	H	L	B	M	S
Z	I	E	X	J	S	C	S	S	C	U	I	E	A	B	Z
L	E	V	E	G	Ő	S	Z	Á	O	I	D	G	L	O	Á
T	K	N	A	K	Z	J	M	R	E	X	R	É	L	U	R
É	P	I	L	Ó	T	A	P	Á	U	R	O	N	O	P	M
É	G	G	K	K	I	Z	Ó	J	A	H	G	Y	N	U	A
G	P	D	L	C	E	F	W	Ő	I	G	É	S	J	K	Z
A	R	Í	S	R	V	R	X	D	C	B	N	É	G	R	Á
Y	G	S	T	V	J	N	E	I	N	T	O	G	O	R	S
N	U	D	P	É	Y	M	E	L	E	N	É	T	R	Ö	T
A	M	V	A	A	S	K	K	A	L	A	N	D	H	K	W
M	A	G	A	S	S	Á	G	O	U	E	N	K	N	G	F
E	D	T	V	R	F	W	W	V	B	E	P	R	N	É	V
Z	Y	I	J	D	X	B	W	N	R	O	T	O	M	L	X
Ü	R	D	M	O	X	W	G	F	U	C	G	N	R	V	Y
T	E	R	V	E	Z	É	S	A	T	U	U	N	U	P	S

KALAND
SZÁRMAZÁS
LÉGKÖR
BALLON
ÜZEMANYAG
LEGÉNYSÉG
TERVEZÉS
TÖRTÉNELEM
ÉG
MAGASSÁG
ÉPÍTÉS
LEVEGŐ
MOTOR
HAJÓZIK
UTAS
PILÓTA
PROPELLEREK
TURBULENCIA
HIDROGÉN
IDŐJÁRÁS

41 - Haartypen

W	W	N	H	C	A	O	F	U	U	N	E	S	B	Y	F
P	U	H	A	O	L	L	K	L	I	K	I	Z	R	Y	Y
B	E	F	X	G	S	V	A	S	T	A	G	Á	J	X	G
Y	L	S	A	C	L	S	Y	O	G	E	K	R	Ü	Z	S
S	P	W	P	E	Y	M	Z	F	Ö	E	L	A	L	R	J
B	A	R	N	A	G	S	M	Ú	N	C	A	Z	D	W	O
F	R	F	X	C	Y	É	S	D	D	H	Z	C	N	V	R
I	Ü	J	U	T	A	B	S	T	Ö	R	Y	B	S	L	Y
Y	T	R	U	V	Y	D	E	Z	R	Ó	N	I	S	Z	O
H	X	É	T	D	N	F	N	M	S	F	O	N	O	T	T
B	D	H	S	Ö	O	K	Í	Z	F	É	R	O	M	A	A
C	W	E	Ü	E	K	Ő	Z	S	E	S	G	C	R	R	Z
T	X	F	Z	X	É	S	S	A	K	Y	E	E	J	Ö	X
W	T	D	E	J	V	I	B	P	E	R	R	Z	S	V	H
H	U	L	L	Á	M	O	S	O	T	B	Z	N	O	I	L
C	O	U	G	O	E	Y	W	K	E	R	I	C	O	D	D

SZŐKE
BARNA
VASTAG
VÉKONY
SZÍNES
FONOTT
EGÉSZSÉGES
SZÜRKE
KOPASZ
RÖVID
HOSSZÚ
FÜRTÖK
GÖNDÖR
FEKETE
EZÜST
SZÁRAZ
PUHA
FEHÉR
HULLÁMOS
ZSINÓR

42 - Essen #1

K	Ó	R	O	Y	G	O	M	I	D	L	Ö	F	E	A	M
Ö	S	O	E	C	C	B	O	Z	L	A	I	O	P	A	I
R	E	K	Y	V	C	W	K	P	L	H	G	K	E	A	W
T	V	U	Z	N	Z	J	I	U	J	N	Y	H	R	P	X
E	E	C	J	D	G	Y	L	H	U	O	Ü	A	J	É	O
Z	L	K	L	O	I	Y	A	X	Ú	T	M	G	S	R	R
D	S	A	Y	H	G	F	S	E	S	S	Ö	Y	V	R	S
W	F	G	R	B	I	A	Z	M	L	F	L	M	T	É	S
S	A	L	Á	T	A	H	A	R	A	B	C	A	J	H	L
X	U	Y	X	I	T	É	B	S	O	O	S	I	T	E	J
I	A	G	I	O	E	J	H	K	H	O	L	U	Ó	F	S
C	I	T	R	O	M	J	F	A	G	V	É	C	N	V	S
S	Á	R	G	A	R	É	P	A	G	N	M	D	E	J	Z
W	M	K	T	K	F	X	H	C	J	Y	I	T	P	F	M
R	G	N	M	F	E	K	Á	V	É	B	M	I	S	S	E
U	F	F	X	W	Z	I	H	J	W	M	E	A	C	T	W

BAZSALIKOM
KÖRTE
EPER
FÖLDIMOGYORÓ
HÚS
KÁVÉ
SÁRGARÉPA
FOKHAGYMA
TEJ
FEHÉRRÉPA

GYÜMÖLCSLÉ
SALÁTA
SÓ
SPENÓT
LEVES
TONHAL
FAHÉJ
CITROM
CUKOR
HAGYMA

43 - Ethik

B	I	N	T	E	G	R	I	T	Á	S	R	G	C	R	Ö
Ö	Z	X	R	O	K	E	D	V	E	S	S	É	G	A	N
L	E	G	Y	Ü	T	T	É	R	Z	É	S	X	V	C	Z
C	É	T	O	L	E	R	A	N	C	I	A	G	F	I	E
S	X	R	H	L	K	R	K	Ú	X	X	E	Á	L	O	T
E	N	D	T	G	É	S	E	T	N	I	Z	S	Ő	N	L
S	H	G	R	É	X	R	U	A	K	U	T	Ó	U	A	E
S	B	M	Y	J	K	X	Y	L	L	F	C	T	U	L	N
É	V	D	C	T	U	E	H	U	W	I	Y	L	V	I	S
G	L	L	I	K	I	F	K	D	F	T	Z	É	V	T	É
É	S	S	Z	E	R	Ű	C	N	A	Z	H	M	E	Á	G
T	Ü	R	E	L	E	M	E	I	W	K	S	R	U	S	I
Y	O	V	R	O	A	I	F	Ó	Z	O	L	I	F	S	E
T	T	S	C	G	R	J	E	J	Y	P	R	L	X	M	F
X	V	S	V	O	P	T	I	M	I	Z	M	U	S	P	A
J	Z	E	M	B	E	R	I	S	É	G	E	D	P	Z	B

ÖNZETLENSÉG
ŐSZINTESÉG
KEDVESSÉG
TÜRELEM
INTEGRITÁS
EMBERISÉG
EGYÜTTÉRZÉS
OPTIMIZMUS
FILOZÓFIA
RACIONALITÁS
REALIZMUS
TOLERANCIA
ÉSSZERŰ
BÖLCSESSÉG
ÉRTÉKEK
JÓINDULATÚ
MÉLTÓSÁG

44 - Gebäude

L	S	Z	Á	R	A	G	Á	S	A	D	Z	A	G	S	P
S	A	Z	I	P	A	J	T	A	B	W	W	X	M	Z	E
G	D	B	Í	R	J	L	C	D	G	T	M	N	O	U	U
D	O	L	O	N	I	B	A	K	H	O	N	A	Z	P	A
P	L	G	K	R	H	H	D	U	T	R	B	G	I	E	U
O	L	Y	X	K	A	Á	F	O	T	O	S	Y	R	R	Y
V	Á	G	G	L	O	T	Z	H	P	N	A	K	L	M	K
M	Z	S	Á	T	O	R	Ó	B	Á	Y	A	Ö	F	A	S
M	S	U	U	V	L	M	N	R	T	Z	T	V	R	R	T
K	Ó	R	H	Á	Z	Z	X	R	I	H	H	E	R	K	A
C	L	G	F	Z	I	Y	P	E	N	U	E	T	H	E	D
I	L	Y	S	G	S	M	U	E	Z	Ú	M	S	S	T	I
F	Á	Á	A	E	K	S	M	C	S	W	H	É	P	U	O
S	Z	R	N	V	O	B	M	E	T	E	Y	G	E	O	N
O	S	S	O	F	L	Y	Z	R	G	S	R	S	J	B	A
S	E	U	D	N	A	W	A	L	V	E	P	A	W	A	L

GAZDASÁG
NAGYKÖVETSÉG
GYÁR
GARÁZS
HÁZ
SZÁLLÓ
SZÁLLODA
KABIN
MOZI
KÓRHÁZ
LABORATÓRIUM
MÚZEUM
PAJTA
ISKOLA
STADION
SZUPERMARKET
SZÍNHÁZ
TORONY
EGYETEM
SÁTOR

45 - Mode

W	G	B	Y	T	P	A	Y	U	A	T	I	Y	S	Z	C
V	O	E	U	F	E	U	V	X	Y	A	K	R	V	S	S
D	M	G	K	T	U	X	R	G	S	É	Z	M	Í	H	I
R	B	T	G	E	I	A	T	F	F	H	G	O	M	W	P
Á	O	V	P	G	U	K	G	Ú	C	K	A	D	R	J	K
G	K	A	E	Y	I	U	N	P	R	A	T	E	S	M	E
A	L	Z	S	S	U	L	Í	T	S	A	S	R	Z	V	K
N	V	W	E	Z	E	R	E	D	E	T	I	N	E	T	J
P	X	D	M	E	J	S	R	C	C	A	L	K	R	F	F
I	T	A	L	R	O	K	A	Y	G	Z	A	C	É	B	F
W	B	H	E	Ű	L	F	E	I	F	Á	M	U	N	W	A
N	E	Y	Y	S	Z	Ö	V	E	T	H	I	I	Y	N	D
T	P	U	N	H	N	Y	L	T	S	U	N	C	N	F	M
T	Z	H	É	T	A	Z	Y	N	Á	R	I	D	B	T	L
V	M	C	K	E	L	E	G	Á	N	S	M	I	K	W	A
S	Z	T	B	M	E	G	F	I	Z	E	T	H	E	T	Ő

SZERÉNY
BUTIK
EGYSZERŰ
ELEGÁNS
MEGFIZETHETŐ
RUHÁZAT
KÉNYELMES
MINIMALISTA
MODERN
MINTA
EREDETI
GYAKORLATI
CSIPKE
HÍMZÉS
STÍLUS
SZÖVET
GOMBOK
DRÁGA
TEXTÚRA
IRÁNYZAT

46 - Angeln

U	N	B	K	K	B	J	S	W	U	Ó	J	A	H	R	Á
É	H	E	B	O	D	Y	V	Y	H	C	T	R	D	X	L
F	V	J	G	S	R	O	S	B	C	E	O	D	N	L	L
E	L	S	X	Á	Ó	J	W	L	S	Á	N	L	A	E	K
L	Z	S	Z	R	T	E	X	Z	A	N	T	F	R	D	A
S	U	B	T	A	K	Z	M	E	L	E	R	Ü	T	T	P
Z	T	F	E	U	K	E	B	S	I	S	K	G	S	Ú	O
E	N	O	S	Z	A	K	Á	C	S	N	Ú	E	X	L	C
R	W	L	U	S	Z	O	N	Y	O	K	Y	L	P	Z	S
E	E	Y	H	O	R	O	G	E	C	E	T	R	Y	Á	Y
L	R	Ó	W	U	K	K	Z	X	Z	A	L	É	I	S	L
É	R	X	P	T	O	L	K	L	F	B	O	M	X	B	X
S	A	U	H	S	L	U	A	I	D	C	P	I	B	K	W
I	R	V	M	Z	I	C	J	Y	Z	W	O	L	P	X	X
Y	P	Z	N	X	L	Y	U	J	F	C	K	U	S	L	P
X	N	H	L	J	N	O	R	P	I	M	B	V	Í	Z	J

FELSZERELÉS
HAJÓ
DRÓT
USZONYOK
FOLYÓ
TÜRELEM
SÚLY
HOROG
ÉVSZAK
ÁLLKAPOCS
KOPOLTYÚK
SZAKÁCS
KOSÁR
CSALI
ÓCEÁN
TÓ
STRAND
TÚLZÁS
MÉRLEG
VÍZ

47 - Essen #2

W	J	N	W	R	H	Y	C	Z	S	C	X	Y	O	D	F
B	S	P	S	S	Y	X	N	P	N	G	K	G	X	J	T
P	L	W	S	D	É	W	J	P	R	T	A	C	P	V	Z
Z	P	R	O	Z	D	P	T	B	D	O	T	H	S	M	V
G	H	Z	Z	C	Á	Z	D	Z	V	F	C	T	D	Y	B
J	P	D	G	L	L	D	D	B	N	A	M	L	A	N	Ú
E	S	A	J	T	O	H	M	B	N	L	K	A	B	O	Z
P	Y	B	R	O	K	K	O	L	I	U	H	N	M	N	A
I	E	N	P	O	O	F	T	F	Z	D	A	Z	O	Á	T
J	W	O	Z	B	S	M	F	X	P	N	L	E	G	S	O
S	O	M	O	S	C	I	D	A	R	A	P	L	B	Z	J
H	E	G	P	S	E	M	C	Z	M	M	R	L	A	I	Á
I	P	U	H	Y	O	R	C	T	P	A	N	E	N	L	S
W	I	R	F	U	P	K	E	N	Y	É	R	R	Á	D	Z
U	D	J	A	G	R	Á	P	S	T	X	A	M	N	A	I
A	K	Ó	S	C	I	T	R	A	C	Y	S	V	Y	P	R

ALMA
ARTICSÓKA
PADLIZSÁN
BANÁN
BROKKOLI
KENYÉR
TOJÁS
HAL
JOGHURT
SAJT
CSERESZNYE
MANDULA
GOMBA
RIZS
SONKA
CSOKOLÁDÉ
ZELLER
SPÁRGA
PARADICSOM
BÚZA

48 - Energie

F	Z	K	G	S	T	P	O	T	B	Y	T	T	Ü	A	Y
E	U	L	W	M	M	E	U	R	P	T	H	G	Z	K	U
A	K	G	J	O	F	S	Y	R	V	S	Z	B	E	K	H
L	T	G	M	R	F	J	U	O	O	O	N	Ő	M	U	U
R	X	V	O	S	N	É	G	O	R	D	I	H	A	M	E
E	L	E	K	T	R	O	M	O	S	H	Z	J	N	U	N
A	S	F	Z	N	Z	S	T	K	W	F	N	E	Y	L	T
M	O	T	O	R	U	R	C	O	J	D	E	L	A	Á	R
Z	R	E	Y	A	I	K	V	J	F	K	B	E	G	T	Ó
L	É	Z	S	P	R	N	L	S	C	I	Z	K	N	O	P
W	F	E	P	I	G	K	L	E	Z	Í	D	T	A	R	I
J	F	Y	H	F	G	M	D	A	Á	É	D	R	P	E	A
G	F	N	B	R	N	T	X	P	T	R	N	O	O	L	L
Z	A	R	T	U	R	B	I	N	A	S	I	N	G	J	R
T	Z	Ö	S	É	Z	E	Y	N	N	E	Z	S	I	O	J
J	O	K	M	E	G	Ú	J	U	L	Ó	J	V	X	Y	K

AKKUMULÁTOR
BENZIN
ÜZEMANYAG
DÍZEL
ELEKTROMOS
ELEKTRON
ENTRÓPIA
MEGÚJULÓ
HŐ
IPAR
SZÉN
MOTOR
NUKLEÁRIS
FOTON
NAP
TURBINA
KÖRNYEZET
SZENNYEZÉS
HIDROGÉN
SZÉL

49 - Familie

N	S	Z	R	B	T	M	U	V	F	A	L	P	F	V	R
A	A	I	S	C	Á	B	Y	G	A	N	Á	E	M	S	C
P	I	G	Ő	V	A	L	S	P	Ú	C	N	M	R	H	X
A	P	A	Y	G	A	N	B	L	A	H	Y	F	P	K	L
I	H	Y	K	M	R	T	O	S	C	Ö	A	K	O	N	U
N	J	N	B	V	A	U	B	U	D	W	Y	K	F	S	S
É	I	A	Y	N	A	M	P	N	D	O	H	E	O	S	V
N	A	P	A	Y	L	U	A	O	S	K	E	M	F	N	U
F	E	L	E	S	É	G	T	K	J	G	P	R	O	T	U
K	K	P	P	B	B	N	R	Á	D	C	R	E	P	E	E
Z	P	V	V	H	Z	P	A	J	R	É	F	Y	U	S	B
K	R	Z	D	Y	T	B	E	A	J	F	K	G	K	T	K
W	P	X	B	G	Y	E	R	M	E	K	K	O	R	V	E
U	N	O	K	A	T	E	S	T	V	É	R	L	R	É	E
I	F	E	G	Y	E	R	M	E	K	E	K	A	R	R	B
U	V	D	W	Y	S	M	Y	U	S	T	X	I	W	A	D

TESTVÉR
FELESÉG
FÉRJ
UNOKÁJA
NAGYMAMA
NAGYAPA
GYERMEK
GYERMEKEK
GYERMEKKOR
ANYA
ANYAI
UNOKAÖCS
UNOKAHÚG
NAGYBÁCSI
NÉNI
LÁNYA
APA
APAI
UNOKATESTVÉR
ŐS

50 - Pflanzen

A	E	N	F	H	Y	S	V	F	J	D	X	G	V	K	Y
Z	D	R	Ö	Ű	H	Z	M	R	T	H	W	J	I	A	V
L	O	O	D	V	M	S	Z	I	R	O	M	B	R	M	L
F	A	K	V	Ő	É	W	J	X	E	Z	V	R	Á	U	W
O	E	O	B	F	J	N	K	S	K	G	N	R	G	V	T
C	M	B	C	M	Z	Ó	Y	G	O	B	J	T	Z	Z	A
A	T	D	T	P	A	R	V	V	K	A	K	T	U	S	Z
B	E	G	I	N	K	É	G	W	I	B	J	N	L	M	O
O	Z	Z	N	Á	I	K	F	D	X	L	I	R	N	P	B
G	Y	Ó	G	Y	N	Ö	V	É	N	Y	Á	S	V	O	M
I	N	P	P	T	A	Y	G	Á	R	T	F	G	E	U	O
P	É	R	X	S	T	G	T	B	A	M	B	U	S	Z	L
I	V	O	F	O	O	F	B	T	H	N	D	U	X	T	F
D	Ö	M	F	R	B	S	C	V	O	E	C	L	K	T	V
F	N	E	U	O	K	H	G	S	M	F	D	A	O	V	X
V	H	R	T	B	H	M	K	J	C	C	E	T	B	M	S

BAMBUSZ
FA
BOGYÓ
VIRÁG
SZIROM
BAB
BOTANIKA
BOKOR
TRÁGYA
BOROSTYÁN
NÖVÉNYVILÁG
KERT
FŰ
KAKTUSZ
GYÓGYNÖVÉNY
LOMBOZAT
MOHA
NÖVÉNYZET
ERDŐ
GYÖKÉR

51 - Gewürze

S	R	O	B	T	I	O	S	A	F	P	L	K	D	V	É
S	Z	Í	A	M	Y	G	A	H	O	B	T	E	B	A	D
S	Á	E	M	S	V	O	V	J	K	C	I	S	A	N	E
Z	S	F	R	N	S	O	A	S	H	S	Ó	E	D	Í	S
E	U	V	R	E	D	V	N	F	A	T	O	R	C	L	K
G	D	H	É	Á	C	P	Y	J	G	J	N	Ű	C	I	Ö
F	W	X	B	M	N	S	Ú	M	Y	É	D	E	S	A	M
Ű	B	F	M	J	A	Y	E	L	M	H	O	J	M	O	É
S	M	G	Ö	H	T	S	S	N	A	A	N	W	O	C	N
Z	G	F	Y	Á	N	I	Z	S	D	F	J	W	M	W	Y
E	E	D	G	R	A	M	T	A	K	I	R	P	A	P	R
G	É	D	E	S	G	Y	Ö	K	É	R	Ó	I	D	F	R
Z	G	B	X	U	P	E	I	I	T	I	V	L	R	I	U
X	O	M	V	Z	Y	W	J	E	L	P	B	D	A	X	C
T	N	P	L	M	A	D	G	N	M	P	D	U	K	N	F
F	G	F	G	L	F	O	K	S	A	N	U	B	S	N	C

ÁNIZS
KESERŰ
CURRY
ÉDESKÖMÉNY
ÍZ
GYÖMBÉR
KARDAMOM
FOKHAGYMA
ÉDESGYÖKÉR
SZERECSENDIÓ
SZEGFŰSZEG
PAPRIKA
BORS
SÁFRÁNY
SÓ
SAVANYÚ
ÉDES
VANÍLIA
FAHÉJ
HAGYMA

52 - Kreativität

T	A	L	Á	L	É	K	O	N	Y	I	Z	W	M	Y	F
K	É	P	Z	E	L	E	T	É	L	E	T	E	R	Ő	O
S	Y	K	P	B	C	Z	R	W	S	U	K	W	H	X	L
S	Z	E	N	Z	Á	C	I	Ó	S	T	J	D	I	H	Y
E	B	F	A	E	T	I	A	P	G	W	J	J	O	C	É
Z	Z	G	K	R	I	Ó	D	G	É	S	Z	S	É	K	K
I	N	T	E	N	Z	I	T	Á	S	K	G	K	J	X	O
A	J	C	T	S	S	C	C	S	S	V	V	R	I	B	N
Y	X	H	E	Y	É	Í	B	S	E	S	Í	I	S	U	Y
D	Z	V	L	W	V	U	E	O	L	P	W	Z	Z	N	S
I	P	V	T	I	Ű	T	N	G	E	O	I	X	I	Z	Á
X	R	S	Ö	U	M	N	Y	Á	T	N	H	V	G	Ó	G
D	R	Á	M	A	I	I	O	L	I	T	L	N	U	B	K
R	G	T	C	U	R	B	M	I	H	Á	E	X	G	V	E
C	T	D	T	O	W	X	Á	V	Z	N	T	N	F	A	J
É	R	Z	É	S	E	K	S	É	Z	E	J	E	F	I	K

KIFEJEZÉS
HITELESSÉG
KÉP
DRÁMAI
BENYOMÁS
TALÁLÉKONY
KÉSZSÉG
FOLYÉKONYSÁG
ÉRZÉSEK
ÖTLETEK
IHLET
INTENZITÁS
INTUÍCIÓ
VILÁGOSSÁG
MŰVÉSZI
KÉPZELET
SZENZÁCIÓ
SPONTÁN
VÍZIÓK
ÉLETERŐ

53 - Geschäft

A	T	U	L	A	V	X	D	B	N	K	L	B	I	M	I
F	L	P	T	P	M	R	W	Y	W	F	L	B	R	E	M
D	I	K	M	E	L	E	D	E	V	Ö	J	E	O	N	P
Y	D	Ó	A	W	C	I	O	T	K	M	D	R	D	E	A
G	Z	D	L	L	U	R	T	V	P	P	W	U	A	D	V
É	Y	A	M	D	M	R	O	L	L	S	K	H	X	Z	S
S	Y	Á	W	U	N	A	Á	R	U	F	E	Á	E	S	L
T	C	Z	R	T	N	K	Z	N	É	P	N	Z	L	E	P
L	Z	U	B	G	A	K	H	O	A	F	J	Á	A	R	É
Ö	V	N	F	R	S	M	Á	J	T	H	H	S	D	C	N
K	K	O	R	B	O	U	P	L	C	T	L	A	Á	W	Z
G	S	É	T	E	V	G	É	S	T	L	Ö	K	S	Ü	Ü
N	Y	E	R	E	S	É	G	A	E	A	Y	B	E	Z	G
K	E	D	V	E	Z	M	É	N	Y	S	T	A	Y	L	Y
T	K	P	R	B	V	M	A	U	A	M	E	Ó	W	E	W
U	R	V	V	E	Ó	I	C	K	A	Z	N	A	R	T	I

MUNKÁLTATÓ
KÖLTSÉGVETÉS
IRODA
JÖVEDELEM
GYÁR
PÉNZÜGY
PÉNZ
ÜZLET
NYERESÉG
BERUHÁZÁS

KARRIER
KÖLTSÉG
MENEDZSER
ALKALMAZOTT
KEDVEZMÉNY
ADÓK
TRANZAKCIÓ
ELADÁS
ÁRU
VALUTA

54 - Ingenieurwesen

S	D	S	Á	T	Í	M	Á	Z	S	J	C	M	U	X	L
Z	L	É	P	T	X	W	T	C	Z	X	T	P	P	C	R
E	K	T	Z	J	M	A	R	G	A	I	D	G	G	A	D
R	H	Í	S	J	K	É	D	A	Y	L	O	F	X	L	F
K	I	P	X	B	O	B	R	X	B	A	D	P	F	I	O
E	F	É	C	G	R	I	J	Ő	S	Z	Ö	G	P	E	G
Z	U	W	V	G	A	U	M	R	Y	W	S	T	S	L	A
E	I	K	T	P	K	L	W	É	E	R	Ő	M	Á	O	S
T	C	L	J	V	S	Á	T	I	L	I	B	A	T	S	K
V	Z	F	B	E	G	K	F	O	T	Y	E	E	J	Z	E
E	N	E	R	G	I	A	Y	M	J	L	S	F	A	L	R
M	Z	R	H	F	L	B	V	H	M	E	É	É	H	Á	E
R	O	G	U	S	O	D	W	G	B	G	R	R	G	S	K
Y	A	B	É	N	E	K	Z	T	M	N	É	E	E	B	E
E	W	K	W	P	D	Í	Z	E	L	E	M	T	M	N	K
V	S	I	O	D	M	O	T	O	R	T	N	J	B	I	X

TENGELY
MEGHAJTÁS
SZÁMÍTÁS
DIAGRAM
DÍZEL
ÁTMÉRŐ
ENERGIA
FOLYADÉK
FOGASKEREKEK
KAROK

ÉPÍTÉS
GÉP
MÉRÉS
MOTOR
STABILITÁS
ERŐ
SZERKEZET
MÉLYSÉG
ELOSZLÁS
SZÖG

55 - Kaffee

D	T	D	N	P	V	M	W	U	F	M	T	A	M	I	A
Y	F	O	S	C	S	É	S	Z	E	Z	S	T	I	V	R
Z	F	P	N	J	N	R	S	Í	O	A	M	E	G	X	O
X	X	L	I	I	C	K	S	V	A	Z	M	J	S	O	M
E	W	F	V	U	K	S	L	D	L	A	U	B	Y	P	A
B	L	K	F	L	P	Y	P	Í	A	G	N	M	B	X	T
U	C	N	H	L	V	Ö	Ő	Z	O	G	K	B	M	V	H
N	F	S	R	D	H	Y	R	Á	Y	R	F	P	A	C	A
L	E	G	G	E	R	L	Ű	K	K	E	S	E	R	Ű	A
Á	K	N	C	U	C	G	Z	G	Ö	F	H	F	V	G	S
R	E	I	N	V	L	S	S	A	A	L	A	T	I	G	A
A	T	E	D	E	R	E	A	Z	H	Y	T	J	Y	B	I
D	E	F	J	C	O	C	T	V	N	J	E	K	T	I	Y
O	S	F	S	E	B	W	G	K	A	K	A	R	V	A	Z
X	R	O	K	U	C	M	V	W	T	S	U	R	S	O	A
F	J	K	É	D	A	Y	L	O	F	Z	E	B	X	H	Y

AROMA
KESERŰ
KRÉM
SZŰRŐ
FOLYADÉK
PÖRKÖLT
ÍZ
ITAL
KOFFEIN
DARÁL
TEJ
REGGEL
ÁR
SAVAS
FEKETE
CSÉSZE
EREDET
FAJTA
VÍZ
CUKOR

56 - Gemüse

V	B	I	S	A	O	F	H	A	M	K	G	Z	C	F	C
C	E	J	G	W	A	P	É	R	A	G	R	Á	S	E	A
E	H	E	P	I	F	M	A	B	S	V	G	I	D	H	R
I	L	O	K	K	O	R	B	R	O	F	P	K	P	É	T
F	U	X	T	C	G	T	M	H	A	R	J	R	C	R	I
K	C	K	A	R	F	I	O	L	J	D	S	E	Y	R	C
G	Y	Ö	M	B	É	R	G	X	J	K	I	Ó	N	É	S
P	E	T	R	E	Z	S	E	L	Y	E	M	C	Á	P	Ó
B	U	R	G	O	N	Y	A	S	U	A	D	T	S	A	K
B	H	P	H	A	Y	X	P	P	B	I	K	R	Z	O	A
H	A	G	Y	M	A	N	O	E	O	N	O	S	I	I	M
D	H	R	J	W	G	N	J	N	R	A	T	Á	L	A	S
Z	E	L	L	E	R	P	Y	Ó	K	Y	F	N	D	S	H
H	B	E	G	H	W	D	B	T	A	J	G	T	A	I	J
F	O	K	H	A	G	Y	M	A	P	W	U	R	P	L	G
M	O	L	A	J	B	O	G	Y	Ó	U	G	M	F	M	N

ARTICSÓKA
PADLIZSÁN
KARFIOL
BROKKOLI
BORSÓ
UBORKA
GYÖMBÉR
SÁRGARÉPA
BURGONYA
FOKHAGYMA
TÖK
OLAJBOGYÓ
PETREZSELYEM
GOMBA
FEHÉRRÉPA
SALÁTA
ZELLER
SPENÓT
PARADICSOM
HAGYMA

57 - Tanzen

S	Z	R	E	E	K	I	G	I	I	L	É	P	R	S	F
B	F	T	E	N	U	Z	U	R	N	Z	R	R	U	I	K
H	S	R	S	N	L	C	I	D	M	R	Z	Ó	M	L	U
C	X	S	B	Y	T	M	X	Y	E	E	E	B	Ű	Á	L
K	P	Á	Y	Y	Ú	R	K	J	L	U	L	A	V	U	T
I	F	G	H	U	R	I	A	F	E	N	E	I	É	Z	U
F	I	Z	E	P	A	T	U	P	Y	V	M	M	S	I	R
E	S	O	Y	N	Á	M	O	Y	G	A	H	É	Z	V	Á
J	J	M	O	H	G	U	C	D	E	B	F	D	E	I	L
E	L	X	V	A	T	S	H	Z	K	A	V	A	T	D	I
Z	W	A	I	F	Á	R	G	O	E	R	O	K	R	Á	S
Ő	Z	S	X	P	N	O	P	F	P	N	O	A	S	M	P
T	E	S	T	T	A	R	T	Á	S	I	E	Y	E	J	Z
K	L	A	S	S	Z	I	K	U	S	C	G	U	A	C	I
P	A	D	B	M	C	G	M	E	I	H	B	L	K	G	C
U	X	O	I	T	E	S	T	E	H	G	A	F	R	G	E

AKADÉMIA
KEGYELEM
KIFEJEZŐ
MOZGÁS
KOREOGRÁFIA
ÉRZELEM
VIDÁM
TESTTARTÁS
KLASSZIKUS
TEST

KULTÚRA
KULTURÁLIS
MŰVÉSZET
ZENE
PARTNER
PRÓBA
RITMUS
HAGYOMÁNYOS
VIZUÁLIS

58 - Ernährung

J	X	E	F	Z	M	S	I	O	U	G	C	J	S	U	K
S	S	M	X	E	Z	W	W	G	E	V	U	F	Z	O	X
K	Ú	É	N	D	H	B	G	G	P	K	R	U	É	Í	Z
G	L	S	I	G	G	É	S	Ő	N	I	M	C	N	F	O
A	Y	Z	M	E	A	I	R	Ó	L	A	K	E	H	Y	K
B	U	T	A	J	I	H	A	J	O	O	Z	Y	I	E	E
O	C	É	T	O	X	I	N	Z	É	M	L	B	D	G	S
N	V	S	I	D	I	S	K	H	U	K	Y	C	R	É	E
A	T	N	V	C	G	É	S	Z	S	É	G	E	Á	S	R
F	D	I	É	T	A	T	R	S	O	L	Á	X	T	Z	Ű
É	A	D	A	G	Y	Z	K	Y	Y	W	V	U	O	S	W
L	S	N	M	M	N	S	E	H	E	V	T	D	K	É	E
É	Z	D	C	V	A	E	Y	H	J	Y	É	B	R	G	H
K	Ó	I	K	L	P	J	U	A	E	F	K	Y	W	E	E
H	S	V	P	G	Á	R	M	D	B	T	U	R	V	S	A
C	Z	B	B	W	T	E	I	W	P	E	Ő	T	R	V	J

ÉTVÁGY
KESERŰ
DIÉTA
EHETŐ
ERJESZTÉS
ÍZ
EGÉSZSÉGES
EGÉSZSÉG
GABONAFÉLÉK
SÚLY
KALÓRIA
SZÉNHIDRÁTOK
TÁPANYAG
ADAG
FEHÉRJÉK
MINŐSÉG
SZÓSZ
TOXIN
EMÉSZTÉS
VITAMIN

59 - Länder #1

L	E	N	G	Y	E	L	O	R	S	Z	Á	G	S	D	L
N	O	S	F	V	E	N	E	Z	U	E	L	A	P	L	E
O	H	G	U	C	B	B	V	X	A	D	E	D	A	I	T
R	E	M	V	J	E	N	A	U	L	L	K	A	N	O	T
V	G	M	E	P	L	I	S	W	G	B	B	N	Y	S	O
É	Y	Z	W	B	P	C	Z	R	H	S	E	A	O	Z	R
G	I	L	A	M	F	A	D	E	T	E	X	K	L	I	S
I	P	G	Á	Z	S	R	O	T	E	M	É	N	O	Z	Z
A	T	B	D	I	A	A	B	R	U	U	O	L	R	R	Á
F	O	V	R	C	O	G	M	I	O	U	G	Á	S	A	G
Y	M	Z	X	A	B	U	A	A	R	M	S	G	Z	E	K
I	N	D	I	A	Z	A	K	S	S	A	Á	E	Á	L	V
H	W	L	E	D	B	Í	K	B	E	J	K	N	G	G	V
H	Y	A	P	X	E	P	L	M	A	N	T	E	I	V	R
G	Á	Z	S	R	O	N	N	I	F	P	E	Z	R	A	N
I	G	Á	Z	S	R	O	Z	S	A	L	O	S	O	K	J

EGYIPTOM
BRAZÍLIA
NÉMETORSZÁG
FINNORSZÁG
INDIA
IRAK
IZRAEL
OLASZORSZÁG
KAMBODZSA
KANADA
LETTORSZÁG
MALI
NICARAGUA
NORVÉGIA
LENGYELORSZÁG
ROMÁNIA
SZENEGÁL
SPANYOLORSZÁG
VENEZUELA
VIETNAM

60 - Technologie

N	H	B	V	T	I	A	D	X	I	S	D	T	F	V	W
Z	P	Ő	L	U	X	D	B	N	N	Z	I	E	A	I	K
Z	X	J	Y	O	B	A	N	E	T	O	G	N	J	R	D
S	B	D	P	N	G	T	K	G	E	F	I	L	T	T	Z
F	M	R	O	Z	R	U	K	X	R	T	T	X	E	U	M
Z	B	W	I	V	E	E	S	S	N	V	Á	V	G	Á	X
R	R	B	X	W	S	V	P	N	E	E	L	D	E	L	Y
B	Ö	N	G	É	S	Z	Ő	É	T	R	I	J	K	I	Y
S	T	A	T	I	S	Z	T	I	K	A	S	K	Á	S	Ü
H	S	S	D	L	N	N	Y	C	U	R	U	I	P	F	Z
S	Z	Á	M	Í	T	Ó	G	É	P	E	R	J	G	M	E
B	E	T	Ű	T	Í	P	U	S	V	M	Í	E	O	C	N
O	W	A	C	J	V	N	F	Y	Y	A	V	L	H	U	E
E	B	T	D	S	G	G	L	O	B	K	F	Z	S	H	T
E	U	U	E	P	C	B	Á	J	T	V	A	Ő	C	F	Z
A	R	K	D	R	Z	E	B	I	Z	T	O	N	S	Á	G

KIJELZŐ
KÉPERNYŐ
BLOG
BÖNGÉSZŐ
BÁJT
SZÁMÍTÓGÉP
KURZOR
FÁJL
ADAT
DIGITÁLIS

KUTATÁS
INTERNET
KAMERA
ÜZENET
BETŰTÍPUS
BIZTONSÁG
SZOFTVER
STATISZTIKA
VIRTUÁLIS
VÍRUS

61 - Wasser

V	G	U	J	T	R	E	A	E	N	P	K	S	E	C	B
O	F	F	S	É	Z	Ö	T	N	Ö	S	F	V	J	O	J
T	N	Z	N	C	G	V	B	A	F	F	A	G	G	T	W
G	Y	Z	U	H	A	N	Y	K	O	R	N	N	I	K	H
D	G	Ő	Z	X	G	S	Á	G	L	O	R	Á	P	N	V
O	A	R	S	J	N	N	C	X	Y	B	O	K	A	P	Z
N	F	T	G	E	U	Z	E	A	Ó	G	T	I	R	V	Z
H	I	G	E	J	Z	Í	R	D	T	O	A	R	G	B	D
Z	J	D	I	X	S	V	V	X	V	O	S	R	O	W	R
I	K	I	S	C	N	R	T	D	U	E	C	U	A	D	G
F	X	V	J	Z	O	Á	S	M	F	I	S	H	D	X	Ó
J	K	F	K	P	M	H	U	L	L	Á	M	O	K	Z	C
G	N	E	D	V	E	S	S	É	G	C	I	S	G	E	E
U	M	J	G	E	P	W	P	G	W	S	B	B	M	S	Á
C	J	I	H	Ó	T	A	H	I	U	Z	L	R	I	S	N
P	I	H	Y	H	X	M	T	C	U	Y	M	B	W	S	A

ÖNTÖZÉS
GŐZ
ZUHANY
JÉG
NEDVES
NEDVESSÉG
FOLYÓ
ÁRVÍZ
FAGY
GEJZÍR
HURRIKÁN
CSATORNA
MONSZUN
ÓCEÁN
ESŐ
HÓ
TÓ
IHATÓ
PÁROLGÁS
HULLÁMOK

62 - Science Fiction

F	F	O	R	G	A	T	Ó	K	Ö	N	Y	V	N	I	R
M	A	K	É	P	Z	E	L	E	T	B	E	L	I	L	O
W	I	N	K	T	A	L	S	I	A	C	G	C	H	L	B
D	P	K	T	A	L	S	Ó	J	I	T	A	G	W	Ú	B
Y	Ó	Ö	K	A	S	Y	H	B	O	L	Y	G	Ó	Z	A
S	T	N	I	I	S	E	Y	L	É	T	J	E	R	I	N
T	U	Y	R	G	E	Z	R	M	O	Z	I	T	O	Ó	Á
O	I	V	K	Ó	G	Ű	T	O	S	M	L	N	P	B	S
P	Z	E	K	L	É	T	J	I	B	C	A	H	J	W	X
I	R	K	B	O	S	K	P	P	K	O	Z	C	M	B	S
A	F	W	O	N	Ő	Z	L	T	O	U	T	S	V	N	N
U	K	Y	D	H	S	U	U	B	O	R	S	O	A	Z	Y
J	W	L	U	C	L	R	E	Á	L	I	S	M	K	E	C
L	T	B	X	E	É	A	B	B	C	T	C	O	M	C	B
S	U	K	I	T	Z	S	I	R	U	T	U	F	D	Z	L
U	H	R	L	D	S	I	X	A	L	A	G	Á	L	I	V

KÖNYVEK
DYSTOPIA
ROBBANÁS
SZÉLSŐSÉGES
FANTASZTIKUS
TŰZ
FUTURISZTIKUS
GALAXIS
REJTÉLYES
ILLÚZIÓ
KÉPZELETBELI
MOZI
JÓSLAT
BOLYGÓ
REÁLIS
ROBOTOK
FORGATÓKÖNYV
TECHNOLÓGIA
UTÓPIA
VILÁG

63 - Literatur

É	L	A	V	W	R	Í	M	S	A	J	U	G	P	S	M
H	L	A	D	G	V	C	D	S	M	N	R	F	D	Z	E
C	F	E	F	T	Y	R	E	G	É	N	Y	B	V	E	T
G	S	É	T	E	T	Z	E	K	T	E	V	Ö	K	R	A
X	L	D	U	R	J	F	K	Ö	L	T	Ő	I	I	Z	F
N	E	O	C	X	A	A	I	G	Ó	L	A	N	A	Ő	O
A	Í	S	K	U	K	J	V	K	M	H	A	C	T	B	R
T	R	D	I	R	S	A	Z	E	C	H	J	G	R	J	A
O	Á	É	E	V	L	F	S	W	R	I	T	N	A	F	B
D	S	Z	T	R	B	Ű	H	V	F	S	Ó	A	G	U	F
K	Y	S	M	X	G	M	S	W	L	Y	Y	R	É	M	I
E	L	E	M	Z	É	S	U	L	Í	T	S	R	D	P	P
N	L	B	T	G	V	H	M	W	P	V	V	Á	I	G	W
A	Y	R	S	V	K	U	T	D	U	A	W	T	A	Z	H
E	G	Á	O	T	O	I	I	F	I	X	Z	O	H	A	K
T	K	P	O	W	V	A	R	D	O	X	M	R	O	T	F

ANALÓGIA
ELEMZÉS
ANEKDOTA
SZERZŐ
LEÍRÁS
ÉLETRAJZ
PÁRBESZÉD
NARRÁTOR
FIKCIÓ
VERS
MŰFAJ
METAFORA
KÖLTŐI
RÍM
RITMUS
REGÉNY
KÖVETKEZTETÉS
STÍLUS
TÉMA
TRAGÉDIA

64 - Wandern

E	M	Z	O	A	M	Z	I	S	C	O	X	V	E	Y	U
D	M	Y	I	Z	N	Ú	D	C	K	J	M	F	F	I	L
H	X	E	A	K	J	T	Ő	G	A	D	J	T	L	F	X
D	Y	S	S	F	F	M	J	É	G	H	A	J	L	A	T
O	B	C	L	K	I	U	Á	S	E	L	R	R	Y	U	F
E	K	Ö	V	E	K	T	R	K	D	U	C	U	A	C	S
S	L	C	Z	P	F	A	Á	F	Á	R	A	D	T	M	L
T	Z	Ő	T	M	A	T	S	E	C	T	G	C	X	D	K
É	É	I	K	E	P	Ó	I	C	Á	T	N	E	I	R	O
R	H	P	K	É	R	K	P	J	R	Y	I	B	G	Y	K
K	E	B	O	L	S	M	H	E	G	Y	P	A	N	O	R
É	N	W	T	D	A	Z	É	T	M	J	M	M	P	S	A
P	R	S	A	E	G	Í	Í	S	S	V	E	V	H	J	P
N	I	U	L	Y	M	V	U	T	Z	P	K	A	I	Z	N
K	E	Y	L	É	Z	S	E	V	É	E	N	D	T	P	R
S	G	C	Á	V	M	F	M	K	M	S	T	Y	L	M	A

HEGY
KEMPING
ÚTMUTATÓK
VESZÉLYEK
TÉRKÉP
ÉGHAJLAT
SZIKLA
FÁRADT
TERMÉSZET
ORIENTÁCIÓ
PARKOK
NEHÉZ
NAP
KÖVEK
CSIZMA
ÁLLATOK
ELŐKÉSZÍTÉS
VÍZ
IDŐJÁRÁS
VAD

65 - Globale Erwärmung

G	T	V	F	Y	I	Z	R	M	Y	W	É	O	D	N	A
Á	E	Y	C	C	F	K	K	V	R	J	G	X	W	E	I
S	L	N	C	A	D	A	T	P	V	F	H	R	Y	M	R
L	K	Á	E	I	J	P	O	J	L	J	A	B	L	Z	G
Á	É	M	E	R	V	M	O	D	U	P	J	A	I	E	N
V	S	R	S	Z	Á	G	V	P	U	L	L	J	P	T	T
F	R	O	J	V	I	C	H	T	U	I	A	H	A	K	M
F	É	K	W	Z	G	V	I	S	O	L	T	F	R	Ö	O
U	M	N	M	A	B	I	C	Ó	E	H	Á	Y	Z	Z	S
Y	Ő	V	Ö	J	U	U	H	D	K	N	P	C	M	I	T
D	H	J	L	F	T	C	S	U	N	H	E	F	I	R	Y
F	I	G	Y	E	L	E	M	T	M	S	C	R	G	Ó	O
S	A	R	K	V	I	D	É	K	I	M	M	X	G	Z	K
N	K	Ö	R	N	Y	E	Z	E	T	I	U	H	S	I	V
U	U	P	K	A	T	F	E	J	L	Ő	D	É	S	A	A
L	O	H	J	O	G	S	Z	A	B	Á	L	Y	O	K	I

SARKVIDÉKI
FIGYELEM
POPULÁCIÓK
ADAT
ENERGIA
FEJLŐDÉS
GÁZ
GENERÁCIÓK
JOGSZABÁLYOK
IPAR
NEMZETKÖZI
MOST
ÉGHAJLAT
VÁLSÁG
KORMÁNY
HŐMÉRSÉKLET
KÖRNYEZETI
TUDÓS
JÖVŐ

66 - Länder #2

C	M	J	G	Ö	R	Ö	G	O	R	S	Z	Á	G	J	K
E	E	I	A	I	R	É	B	I	L	O	X	K	L	A	F
I	X	S	B	M	G	G	V	Z	D	N	G	R	K	P	K
H	I	M	W	M	A	I	R	É	G	I	N	E	F	Á	C
O	K	E	B	D	Z	I	D	V	V	E	W	F	A	N	I
R	Ó	T	E	L	T	K	C	Í	R	O	R	S	Z	Á	G
O	Z	G	Á	Z	S	R	O	A	I	C	N	A	R	F	C
S	O	G	B	O	V	X	P	I	Z	O	R	I	F	S	E
Z	S	O	A	L	B	C	A	G	A	N	T	R	B	G	D
O	T	V	V	W	G	F	D	A	A	L	B	Á	N	I	A
R	U	G	A	N	D	A	I	P	Ó	I	T	E	K	G	Y
S	E	H	L	K	S	Z	U	D	Á	N	C	I	J	Z	N
Z	M	Z	A	R	E	L	N	W	S	E	A	B	T	P	E
Á	J	F	T	I	R	N	Á	T	Z	S	I	K	A	P	P
G	M	U	S	M	T	Z	Y	I	C	H	P	V	O	H	Á
S	Z	Í	R	I	A	I	A	A	N	J	A	R	K	U	L

ALBÁNIA
ETIÓPIA
FRANCIAORSZÁG
GÖRÖGORSZÁG
HAITI
ÍRORSZÁG
JAMAICA
JAPÁN
KENYA
LAOSZ
LIBÉRIA
MEXIKÓ
NEPÁL
NIGÉRIA
PAKISZTÁN
OROSZORSZÁG
SZUDÁN
SZÍRIA
UGANDA
UKRAJNA

67 - Fahrzeuge

M	F	T	S	R	F	H	H	N	N	I	P	N	E	A	L
M	X	N	F	G	U	J	K	A	M	I	O	N	F	E	D
K	S	O	X	I	H	A	J	Ó	I	U	A	P	D	K	M
M	E	G	M	S	J	S	A	J	X	P	U	M	K	Z	N
E	W	R	P	C	V	D	T	R	A	K	T	O	R	M	W
N	F	U	É	O	U	S	É	E	T	T	K	K	D	H	R
T	Y	F	Y	K	L	T	K	T	X	R	U	A	U	T	Ó
Ő	Y	X	J	Ó	P	K	A	P	P	T	E	T	T	A	B
A	A	D	V	K	É	Á	R	O	T	O	M	D	Y	N	U
U	P	J	M	A	G	Z	R	K	C	Ó	E	J	D	O	S
T	I	E	L	L	Ő	M	T	I	Z	U	G	K	A	V	Z
Ó	H	P	X	L	L	M	S	L	S	Y	J	O	D	G	M
G	U	M	I	K	Ü	X	M	E	V	K	M	Z	B	Y	E
D	F	L	E	W	P	S	J	H	D	F	E	D	P	O	T
A	N	U	W	N	E	O	B	Z	E	I	V	G	U	G	R
I	B	E	X	A	R	W	R	G	K	G	B	Z	P	J	Ó

AUTÓ
HAJÓ
BUSZ
KERÉKPÁR
KOMP
TUTAJ
REPÜLŐGÉP
HELIKOPTER
MENTŐAUTÓ
KAMION
MOTOR
RAKÉTA
GUMIK
ROBOGÓ
TAXI
TRAKTOR
METRÓ
FURGON
LAKÓKOCSI
VONAT

68 - Musikinstrumente

N	R	H	Z	Z	S	Z	K	H	G	A	L	B	D	H	X
N	G	V	J	W	S	F	Z	R	A	O	B	O	M	E	G
B	U	U	D	G	N	M	Y	Z	O	R	O	D	E	G	I
H	A	R	A	N	G	J	Á	T	É	K	S	B	F	E	Z
U	L	T	Y	C	B	E	N	D	Z	S	Ó	O	H	D	O
H	Á	R	F	A	S	B	T	L	G	G	M	D	N	Ű	N
F	U	V	O	L	A	E	C	L	O	I	A	Ő	I	A	G
M	C	O	H	Z	I	S	L	J	N	T	R	G	L	K	O
V	M	J	F	H	M	O	S	L	G	Á	I	R	O	I	R
F	K	K	A	R	Y	Y	I	Z	Ó	R	M	Ö	D	N	A
S	J	F	G	V	H	B	M	F	A	Z	B	S	N	O	G
N	M	Y	O	R	J	I	O	J	V	X	A	C	A	M	R
E	W	E	T	É	N	I	R	A	L	K	O	N	M	R	S
M	S	A	T	I	B	M	O	R	T	M	R	F	J	A	C
I	P	S	V	U	U	Z	U	H	X	F	C	E	O	H	A
G	V	G	N	J	I	O	V	D	P	S	H	L	B	N	S

BENDZSÓ
CSELLÓ
FAGOTT
FUVOLA
HEGEDŰ
GITÁR
HARANGJÁTÉK
GONG
HÁRFA
KLARINÉT
ZONGORA
MANDOLIN
MARIMBA
HARMONIKA
OBOA
HARSONA
SZAXOFON
CSÖRGŐDOB
DOB
TROMBITA

69 - Blumen

K	Ó	V	R	J	V	L	K	N	V	W	A	T	X	K	S
L	G	D	V	S	I	E	Z	P	Y	H	D	U	T	I	B
U	R	B	O	P	W	N	N	W	K	J	I	L	N	H	W
G	O	L	G	O	T	A	V	I	R	Á	G	I	T	R	A
M	F	O	F	O	E	M	V	G	Z	O	M	P	Z	N	A
O	A	H	R	N	R	O	K	O	U	F	U	Á	V	S	S
R	R	G	G	C	E	I	G	S	Y	V	W	N	X	E	Z
I	P	L	N	E	H	L	E	V	E	N	D	U	L	A	Ó
Z	A	L	E	Ó	Ó	I	G	A	R	D	É	N	I	A	R
S	N	B	E	A	L	L	D	P	L	U	M	E	R	I	A
C	S	O	K	O	R	I	X	E	J	Á	Z	M	I	N	S
J	O	T	X	V	G	K	A	G	A	Z	D	D	E	R	Z
S	Z	Á	Z	S	Z	O	R	S	Z	É	P	I	V	Ó	A
F	A	V	M	H	I	B	I	S	Z	K	U	S	Z	Z	B
J	J	H	A	L	V	Á	N	Y	L	I	L	A	N	S	S
D	D	P	I	T	Y	P	A	N	G	K	S	U	L	A	F

SZIROM
GARDÉNIA
SZÁZSZORSZÉP
HIBISZKUSZ
JÁZMIN
LÓHERE
LEVENDULA
HALVÁNYLILA
LILIOM
PITYPANG

MAGNÓLIA
MÁK
ORCHIDEA
GOLGOTAVIRÁG
BAZSARÓZSA
PLUMERIA
RÓZSA
NAPRAFORGÓ
CSOKOR
TULIPÁN

70 - Natur

T	L	M	D	W	E	P	L	J	T	D	S	S	H	D	C
H	P	S	I	S	I	V	A	T	A	G	I	Z	M	E	T
V	F	Z	N	O	B	Y	F	C	C	C	L	E	S	R	D
P	A	O	A	T	R	Ó	P	U	S	I	É	N	A	D	U
C	D	D	M	M	V	G	I	H	F	A	T	T	R	Ő	H
W	G	D	I	F	É	I	W	Y	A	R	F	É	K	D	E
K	Ö	D	K	O	E	H	J	A	U	H	O	L	V	L	R
B	M	Z	U	O	Y	B	E	E	Á	E	N	Y	I	O	Ó
É	E	S	S	F	K	S	P	K	L	G	T	A	D	M	Z
K	N	Z	J	Y	O	B	A	V	L	Y	O	F	É	B	I
É	E	É	B	A	Z	L	Y	Z	A	E	S	R	K	O	Ó
S	D	P	T	P	R	C	Y	P	T	K	S	E	I	Z	G
C	É	S	D	E	R	Ű	S	Ó	O	W	Á	F	F	A	G
N	K	É	O	L	I	E	I	A	K	O	G	U	S	T	K
Y	N	G	J	I	H	W	S	A	R	X	Ú	R	Z	P	D
G	L	E	C	C	S	E	R	Y	J	V	X	B	A	F	P

SARKVIDÉKI
HEGYEK
MÉHEK
DINAMIKUS
ERÓZIÓ
FOLYÓ
BÉKÉS
GLECCSER
SZENTÉLY
DERŰS
LOMBOZAT
LÉTFONTOSSÁGÚ
KÖD
SZÉPSÉG
MENEDÉK
ÁLLATOK
TRÓPUSI
ERDŐ
VAD
SIVATAG

71 - Urlaub #2

P	J	R	D	F	I	S	X	T	E	G	I	Z	S	S	M
U	H	M	X	K	Y	Á	T	P	É	F	Z	C	O	Z	F
S	X	W	N	E	D	Z	B	R	M	R	I	H	V	Á	T
K	S	C	K	Y	P	A	A	A	A	K	K	R	Z	L	F
W	U	M	E	R	E	T	T	É	S	N	V	É	X	L	O
H	N	U	Y	S	B	U	O	N	Á	N	D	O	P	O	T
R	Y	Z	G	H	K	R	J	S	T	J	E	H	C	D	Ó
E	A	Í	E	U	S	Z	G	D	O	F	H	G	N	A	K
P	R	V	H	V	O	N	A	T	R	E	G	N	E	T	A
Ü	A	T	V	H	I	S	Z	A	B	A	D	I	D	Ő	O
L	L	É	V	E	L	T	Ú	X	V	V	K	P	X	N	C
Ő	Á	Z	L	I	X	G	A	K	K	A	V	M	B	A	I
T	S	Á	T	Í	L	L	Á	Z	S	Z	F	E	H	J	T
É	P	D	K	O	H	H	S	N	V	V	Y	K	I	A	H
R	N	Z	U	E	E	S	F	C	T	G	O	A	J	P	Y
L	E	Z	V	Y	K	Ü	L	F	Ö	L	D	I	O	G	T

KÜLFÖLDI
HEGYEK
KEMPING
REPÜLŐTÉR
FOTÓK
SZABADIDŐ
SZÁLLODA
SZIGET
TÉRKÉP
TENGER
ÚTLEVÉL
UTAZÁS
ÉTTEREM
STRAND
TAXI
SZÁLLÍTÁS
NYARALÁS
VÍZUM
SÁTOR
VONAT

72 - Barbecues

G	K	S	P	R	F	J	S	R	O	B	H	Z	S	K	O
A	R	O	S	C	A	V	Z	W	K	O	K	É	T	Á	J
A	Á	I	E	B	É	D	Ó	R	R	O	F	É	S	T	N
P	Y	T	L	J	H	Y	S	Y	F	V	E	B	S	Ó	J
D	N	N	R	L	J	G	Z	Y	T	Z	S	L	I	E	J
V	M	M	K	V	P	Y	D	É	H	S	É	G	S	Z	K
I	E	L	V	B	I	Ü	G	X	P	G	P	G	N	M	E
L	L	K	X	I	V	M	Z	Ö	L	D	S	É	G	E	K
L	Z	X	O	I	Y	Ö	M	D	J	Á	É	J	M	N	R
A	A	K	Á	T	Á	L	A	S	K	L	Z	F	E	E	I
B	A	O	T	L	P	C	T	I	S	A	Ő	H	S	Z	S
F	M	Y	P	L	N	S	Y	J	S	S	F	Y	M	B	C
G	Y	E	R	M	E	K	E	K	L	C	I	D	E	O	C
H	U	N	Z	S	P	B	X	V	S	T	V	K	J	K	N
M	W	Z	M	T	K	S	I	C	F	A	J	E	C	U	M
S	B	L	J	E	M	V	F	Z	J	V	X	L	N	V	H

VACSORA
CSALÁD
GYÜMÖLCS
VILLA
ZÖLDSÉGEK
GRILL
FORRÓ
CSIRKE
ÉHSÉG
GYERMEKEK
FŐZÉS
KÉSEK
EBÉD
ZENE
BORS
SALÁTÁK
SÓ
NYÁR
SZÓSZ
JÁTÉKOK

73 - Schach

J	H	X	I	Y	P	J	A	Ő	N	L	N	U	V	Y	P
E	Á	S	D	Y	B	K	U	N	D	E	H	Y	E	Á	A
S	O	T	Ő	J	C	K	Y	Y	X	B	O	G	R	T	S
C	V	L	É	F	N	E	L	L	E	T	A	K	S	L	S
H	S	S	H	K	O	Y	L	Á	B	A	Z	S	E	Ó	Z
O	C	T	G	E	O	L	B	R	Z	Z	F	T	N	S	Í
F	E	H	É	R	T	S	C	I	T	O	E	A	Y	S	V
N	N	O	G	B	O	G	U	K	P	D	K	N	Y	T	Z
B	C	K	S	Y	R	F	B	P	R	L	E	U	C	R	L
X	D	O	É	E	N	Y	A	F	O	Á	T	L	H	A	K
M	T	S	Y	T	A	W	J	L	T	N	E	N	O	T	C
L	X	H	C	W	Á	O	N	B	H	D	T	I	P	É	O
I	E	R	M	N	F	J	O	R	W	F	D	O	A	G	D
M	C	Y	L	Á	R	I	K	N	A	S	J	I	K	I	Z
Z	V	W	H	G	Y	U	C	X	K	N	G	B	K	A	N
V	U	J	E	K	N	T	F	B	K	N	G	W	B	Y	Z

BAJNOK
ÁTLÓS
ELLENFÉL
OKOS
KIRÁLY
KIRÁLYNŐ
TANULNI
ÁLDOZAT
PASSZÍV
PONTOK
SZABÁLYOK
FEKETE
JÁTÉK
JÁTÉKOS
STRATÉGIA
TORNA
FEHÉR
VERSENY
IDŐ

74 - Geographie

F	Z	É	S	Z	A	K	S	Z	É	L	E	S	S	É	G
V	É	D	T	S	J	P	S	V	R	P	H	W	K	C	Á
I	N	L	Ő	I	V	L	D	B	F	A	V	E	Z	L	Z
L	J	C	T	G	S	U	Z	R	D	K	O	U	Z	G	S
Á	C	O	Í	E	W	D	P	M	L	A	H	M	T	T	R
G	B	R	L	A	K	Z	P	E	J	W	O	T	J	L	O
B	N	A	N	E	T	E	L	Ü	R	E	T	A	M	R	N
R	Z	M	E	C	S	L	P	Y	E	F	O	J	J	F	Y
N	S	A	Y	T	N	E	A	S	G	P	Y	V	V	U	U
H	Z	G	G	I	E	V	T	S	X	É	D	S	U	E	G
E	I	A	E	N	N	N	C	U	Z	K	É	D	I	V	A
G	G	S	S	K	I	Á	G	N	N	R	U	R	R	Á	T
Y	E	S	R	Y	T	E	A	E	A	É	G	W	S	R	F
F	T	Á	H	I	N	C	A	W	R	T	Ó	Y	L	O	F
P	W	G	H	X	O	Ó	M	I	C	D	V	M	T	S	L
K	B	R	O	W	K	M	E	R	I	D	I	Á	N	F	P

ATLASZ
EGYENLÍTŐ
HEGY
SZÉLESSÉG
FOLYÓ
TERÜLET
FÉLTEKE
MAGASSÁG
SZIGET
TÉRKÉP
KONTINENS
ORSZÁG
TENGER
MERIDIÁN
ÉSZAK
ÓCEÁN
VIDÉK
VÁROS
VILÁG
NYUGAT

75 - Zahlen

S	O	K	V	H	Y	Y	G	É	N	N	E	Z	I	T	K
R	Z	V	I	L	L	W	X	S	I	E	V	U	E	I	I
B	R	D	Y	F	I	O	I	A	N	N	I	Z	L	Z	L
T	I	Z	E	N	N	Y	O	L	C	É	H	É	T	E	E
A	Z	F	S	Z	F	P	Y	L	N	G	M	M	Ö	N	N
H	D	A	J	Ú	L	Y	V	U	E	Y	J	K	N	H	C
T	O	S	Y	W	H	U	G	N	L	Ő	B	D	E	Á	W
A	N	Y	O	L	C	U	Y	Y	I	T	A	E	Z	R	P
H	L	F	T	K	K	Ő	I	I	K	T	E	F	I	O	O
N	Á	C	G	G	D	T	É	H	N	E	Z	I	T	M	V
E	T	R	O	J	C	T	L	Ö	E	K	U	N	C	O	Y
Z	T	O	O	F	R	E	W	T	Z	N	K	F	O	K	E
I	D	Y	W	M	Z	K	O	M	I	E	Y	P	Y	M	T
T	A	T	F	U	A	A	U	P	T	Z	R	A	G	G	X
V	Í	L	Z	C	U	H	J	C	K	I	J	M	B	D	K
F	M	Z	T	I	Z	E	D	E	S	T	J	B	M	P	Y

NYOLC
TIZENNYOLC
TIZEDES
HÁROM
TIZENHÁROM
ÖT
TIZENÖT
KILENC
TIZENKILENC
NULLA
HAT
TIZENHAT
HÉT
TIZENHÉT
NÉGY
TIZENNÉGY
TÍZ
HÚSZ
KETTŐ
TIZENKETTŐ

76 - Tage und Monate

V	T	B	H	É	T	Y	U	L	H	É	T	F	Ő	J	T
W	A	E	N	E	O	F	P	R	G	V	R	M	W	W	I
T	B	S	U	T	Z	S	U	G	U	A	G	R	B	R	K
H	M	U	Á	A	O	M	B	S	I	K	C	J	J	E	J
Ó	O	I	S	R	E	B	Ó	T	K	O	U	X	S	P	W
N	Z	N	B	Z	N	S	Z	E	R	D	A	C	K	F	J
A	S	Ú	Z	L	E	A	B	S	T	E	B	X	R	N	F
P	Y	J	F	A	G	P	P	N	A	P	T	Á	R	O	B
Y	R	D	R	S	U	H	T	P	I	L	E	E	Á	V	K
L	G	L	E	S	D	G	G	E	B	Y	J	T	U	E	T
P	V	O	D	C	D	S	Y	R	M	T	R	X	R	M	Z
D	M	K	U	W	E	V	K	É	S	B	N	N	B	B	W
P	É	N	T	E	K	M	X	V	N	H	E	D	E	E	H
J	Ú	L	I	U	S	X	B	C	L	V	K	R	F	R	N
R	E	N	K	B	V	N	N	E	E	H	N	V	A	M	K
C	S	Ü	T	Ö	R	T	Ö	K	R	Á	U	N	A	J	I

AUGUSZTUS
DECEMBER
KEDD
CSÜTÖRTÖK
FEBRUÁR
PÉNTEK
ÉV
JANUÁR
JÚLIUS
JÚNIUS
NAPTÁR
SZERDA
HÓNAP
HÉTFŐ
NOVEMBER
OKTÓBER
SZOMBAT
SZEPTEMBER
VASÁRNAP
HÉT

77 - Möbel

I	F	F	Z	V	K	F	Ü	G	G	Ő	Á	G	Y	E	S
E	P	Ü	Z	H	Ö	O	G	X	D	T	E	G	R	K	D
O	Z	G	X	Y	N	G	C	B	Ó	P	U	N	E	V	F
A	I	G	U	K	Y	X	X	L	M	C	R	J	O	P	C
X	G	Ö	H	Z	V	D	A	P	O	É	T	M	C	T	E
S	E	N	S	N	E	Í	Z	J	K	P	O	N	V	W	G
J	Y	Y	K	F	S	R	T	U	D	A	P	Á	R	N	A
K	N	Ö	P	U	P	Ó	M	J	E	N	O	T	U	F	P
S	Ő	K	W	N	O	A	A	A	P	A	L	Á	G	Y	M
G	Z	J	S	C	L	S	T	P	R	K	E	D	T	O	Á
G	S	É	R	M	C	Z	R	L	F	M	T	O	P	F	L
J	Z	L	K	P	S	T	A	S	R	L	O	D	C	S	L
R	F	X	V	V	F	A	C	U	B	I	F	I	N	D	M
T	Ü	K	Ö	R	W	L	C	P	J	A	P	T	R	P	W
P	A	P	L	A	N	O	K	T	W	Z	M	D	V	E	T
Y	H	D	B	A	M	G	I	A	S	Z	W	F	Z	R	Z

PAD
ÁGY
PAPLANOK
KÖNYVESPOLC
KANAPÉ
FUTON
FÜGGŐÁGY
PÁRNA
KOMÓD
LÁMPA
MATRAC
POLCOK
ARMOIRE
ÍRÓASZTAL
FOTEL
TÜKÖR
SZÉK
SZŐNYEG
FÜGGÖNYÖK

78 - Kräuterkunde

Ö	S	S	Z	E	T	E	V	Ő	B	H	I	E	L	F	R
A	P	V	P	L	M	C	V	H	K	Y	Y	M	A	O	O
K	R	N	X	C	O	J	L	P	E	B	U	R	E	K	Z
O	S	O	F	C	K	G	T	D	M	Z	B	S	N	H	M
N	K	V	M	M	O	K	I	L	A	S	Z	A	B	A	A
Y	E	L	W	Á	D	V	S	Ö	J	Ö	N	N	R	G	R
H	F	O	Ű	O	S	D	E	Z	O	Y	V	U	D	Y	I
A	S	Á	F	R	Á	N	Y	J	R	N	H	I	C	M	N
I	N	U	K	O	H	V	J	Z	Á	Ő	R	F	R	A	G
Y	J	A	K	P	S	W	B	R	N	L	L	T	J	Á	C
K	W	C	U	A	A	L	U	D	N	E	V	E	L	O	G
E	G	C	K	K	P	K	B	P	A	Y	V	O	K	L	H
R	W	Y	A	R	Z	É	D	E	S	K	Ö	M	É	N	Y
T	Í	G	K	P	E	T	R	E	Z	S	E	L	Y	E	M
Y	H	Z	M	I	N	Ő	S	É	G	P	W	A	X	H	O
X	G	I	F	V	V	H	W	T	Á	R	K	O	N	Y	R

AROMÁS
BAZSALIKOM
VIRÁG
KAPOR
TÁRKONY
ÉDESKÖMÉNY
KERT
ÍZ
ZÖLD
FOKHAGYMA
KONYHAI
LEVENDULA
MAJORÁNNA
PETREZSELYEM
MINŐSÉG
ROZMARING
SÁFRÁNY
KAKUKKFŰ
ELŐNYÖS
ÖSSZETEVŐ

79 - Aktivitäten und Freizeit

E	E	V	I	O	Z	D	S	K	Ú	S	Z	Á	S	P	V
U	R	Y	N	É	M	T	S	E	F	Á	S	S	Á	I	Á
E	E	W	R	Z	Z	R	J	M	I	D	K	Z	Z	H	S
M	Ű	V	É	S	Z	E	T	P	O	O	O	Ö	Á	E	Á
G	A	S	L	T	Á	J	L	I	P	K	B	R	R	N	R
X	O	E	H	T	O	Z	L	N	J	R	M	F	Ú	T	L
N	R	L	F	W	W	R	A	G	D	Á	O	Ö	T	E	Á
U	K	L	F	T	O	A	B	T	U	V	H	Z	S	T	S
H	W	L	H	G	E	O	T	B	U	Ú	I	É	T	Ő	V
O	P	A	H	J	H	F	U	J	P	B	J	S	A	B	W
J	Z	B	A	S	H	W	F	T	E	N	I	S	Z	H	V
H	K	E	R	T	É	S	Z	K	E	D	É	S	S	S	Y
A	G	S	R	Ö	P	L	A	B	D	A	B	T	Á	T	K
I	G	A	D	B	A	L	R	Á	S	O	K	I	L	L	I
U	S	B	V	E	R	S	E	N	Y	V	N	E	A	S	S
M	P	D	V	H	C	E	A	M	L	V	K	J	H	D	F

HALÁSZAT
BASEBALL
KOSÁRLABDA
BOKSZ
KEMPING
VÁSÁRLÁS
PIHENTETŐ
FUTBALL
KERTÉSZKEDÉS
FESTMÉNY
GOLF
MŰVÉSZET
UTAZÁS
VERSENY
ÚSZÁS
SZÖRFÖZÉS
BÚVÁRKODÁS
TENISZ
RÖPLABDA
TÚRÁZÁS

80 - Formen

U	Z	G	F	E	P	Ú	K	T	P	C	T	D	I	A	K
H	W	S	I	L	Á	V	O	É	I	O	G	B	R	L	S
T	M	B	P	A	R	O	C	G	R	S	A	U	D	Z	S
L	Y	O	R	N	G	H	K	L	A	V	B	R	P	S	I
A	B	X	I	O	Y	H	A	A	M	Y	Y	M	R	P	Z
N	E	N	Z	V	D	R	L	L	I	G	G	R	E	V	S
C	É	O	M	C	Z	G	O	A	S	L	S	S	D	S	P
P	H	G	A	G	M	Ö	B	P	H	K	E	R	E	K	I
A	Á	I	Y	P	V	M	R	P	O	E	O	L	D	A	L
K	R	L	Y	Z	P	B	E	H	H	L	B	R	A	E	L
Ö	O	O	N	I	E	P	P	R	E	É	F	D	A	R	E
R	M	P	W	N	E	T	I	O	U	N	D	O	B	S	Z
J	S	I	P	F	U	Í	H	T	F	U	G	J	J	E	Z
E	Z	E	R	S	V	V	Z	P	S	F	D	E	U	A	X
G	Ö	K	C	O	A	G	L	X	L	J	N	I	R	L	N
K	G	C	A	D	N	J	X	X	K	C	R	B	Y	M	C

ÍV
HÁROMSZÖG
SAROK
ELLIPSZIS
HIPERBOLA
ÉLEK
KÚP
KÖR
GÖMB
VONAL

OVÁLIS
POLIGON
PRIZMA
PIRAMIS
NÉGYZET
TÉGLALAP
KEREK
OLDAL
KOCKA
HENGER

81 - Musik

Z	K	Z	J	N	F	É	K	I	O	U	D	U	A	B	I
E	T	A	A	L	N	A	N	S	Y	O	O	D	L	M	T
N	Z	E	N	E	I	P	V	E	I	C	U	P	B	D	E
É	G	F	O	A	U	N	J	I	K	G	D	Y	U	O	Y
S	U	M	T	I	R	A	N	W	Y	E	Ó	P	M	E	T
Z	M	C	H	T	I	S	U	R	Ó	K	L	D	U	B	B
D	G	M	G	F	S	U	K	I	Z	S	S	A	L	K	O
Z	E	M	É	N	E	K	E	S	E	S	Z	K	Ö	Z	P
H	A	R	M	O	N	I	K	U	S	J	H	M	O	Ö	E
N	G	I	M	C	D	M	L	Í	R	A	I	I	I	N	R
X	C	Ő	N	H	D	T	F	X	R	D	M	K	Z	Ö	A
B	K	T	T	Ó	U	I	E	F	J	A	E	R	P	T	P
V	W	L	U	J	M	R	J	U	B	L	C	O	Y	G	E
T	Y	Ö	E	S	W	R	F	G	Y	L	T	F	U	Ö	P
F	W	K	M	O	U	G	A	D	Z	A	U	O	R	R	Y
D	A	L	L	A	M	X	Y	H	J	B	R	N	E	U	U

ALBUM
BALLADA
KÓRUS
HARMÓNIA
HARMONIKUS
RÖGTÖNÖZ
ESZKÖZ
KLASSZIKUS
LÍRAI
DALLAM
MIKROFON
ZENEI
ZENÉSZ
OPERA
KÖLTŐI
RITMIKUS
RITMUS
ÉNEKES
ÉNEKEL
TEMPÓ

82 - Antiquitäten

G	D	W	K	Á	H	C	T	N	D	F	D	O	E	P	R
É	A	K	E	R	E	Z	S	K	É	C	I	G	H	T	B
S	Z	L	C	R	B	O	K	M	K	D	D	E	V	A	Y
Ő	Á	M	É	É	B	E	R	U	H	Á	Z	Á	S	R	I
N	Z	R	Ű	R	R	O	T	Ú	B	L	G	G	C	P	F
I	S	É	Z	V	I	T	D	E	K	O	R	A	T	Í	V
M	I	G	C	Y	É	A	É	L	S	B	F	P	F	Á	P
F	D	I	S	K	F	S	K	K	É	M	R	É	E	L	P
N	A	L	T	A	K	O	Z	S	A	S	U	P	S	L	T
D	J	Y	F	U	T	X	K	E	W	E	H	W	T	A	T
S	T	Í	L	U	S	E	L	E	T	I	H	T	M	P	Y
Z	R	E	G	U	P	J	Y	O	X	G	Z	A	É	O	U
E	L	E	G	Á	N	S	S	Z	O	B	O	R	N	T	B
M	A	A	Z	H	F	R	A	J	O	N	G	Ó	Y	T	D
P	B	X	S	P	B	K	G	V	F	X	F	T	E	N	C
R	H	V	A	R	X	C	R	R	Y	N	O	K	K	R	A

RÉGI
HITELES
DEKORATÍV
ELEGÁNS
RAJONGÓ
GALÉRIA
FESTMÉNYEK
BERUHÁZÁS
SZÁZAD
MŰVÉSZET
BÚTOR
ÉRMÉK
ÁR
MINŐSÉG
ÉKSZEREK
SZOBOR
STÍLUS
SZOKATLAN
ÉRTÉK
ÁLLAPOT

83 - Adjektive #2

B	T	B	E	U	J	Z	D	T	K	V	A	M	I	M	A
I	E	C	B	M	O	X	R	K	I	O	W	W	M	Z	T
B	R	H	W	K	S	N	Á	G	E	L	E	C	N	W	F
O	M	E	R	Ő	S	P	M	P	V	K	D	O	O	S	E
T	E	Z	L	J	V	F	A	K	R	E	A	T	Í	V	L
E	L	N	U	E	S	S	I	R	F	O	R	W	I	I	E
R	Ő	V	O	V	U	S	E	R	Í	H	M	É	T	W	L
M	G	A	Z	R	Y	É	Ó	R	Í	E	L	R	B	K	Ő
É	Z	J	Y	R	M	Y	H	S	C	N	I	D	J	A	S
S	R	M	L	I	N	Á	U	E	S	E	L	E	T	I	H
Z	Z	Ú	J	S	L	H	L	O	S	Z	L	K	S	A	D
E	K	D	I	Y	O	G	E	H	E	T	Ő	E	B	Z	C
T	N	L	C	A	F	D	T	O	E	K	Z	S	Ü	B	C
E	L	Z	L	H	B	I	X	S	Z	Y	P	W	T	W	W
S	E	G	É	S	Z	S	É	G	E	V	A	D	I	R	P
W	R	D	K	A	V	B	T	S	W	O	D	B	O	B	E

HITELES
HÍRES
LEÍRÓ
DRÁMAI
ELEGÁNS
EHETŐ
FRISS
EGÉSZSÉGES
ÉHES
ÉRDEKES
KREATÍV
TERMÉSZETES
ÚJ
NORMÁL
TERMELŐ
SÓS
ERŐS
BÜSZKE
FELELŐS
VAD

84 - Kleidung

K	M	J	F	L	K	E	V	E	T	R	N	E	Y	Ö	N
K	A	O	C	N	É	A	H	O	I	Y	A	N	S	V	Y
Ö	B	L	Á	S	K	C	R	U	A	T	D	O	Z	R	A
T	F	S	A	H	S	Z	I	K	B	C	R	F	O	K	K
É	W	H	R	P	Z	O	N	P	Ö	O	Á	A	K	O	L
N	S	K	S	V	E	T	R	L	Ő	T	G	R	N	F	Á
Y	B	H	N	E	R	O	X	W	S	F	Ő	M	Y	J	N
B	L	Ú	Z	R	E	V	Ó	L	U	P	K	E	A	N	C
Y	B	I	A	H	K	R	V	O	W	J	U	R	C	L	A
K	E	S	Z	T	Y	Ű	X	J	H	P	W	S	B	T	R
T	P	D	F	A	Y	P	I	Z	S	A	M	A	T	M	H
T	T	C	Z	V	I	J	K	D	R	C	P	U	U	V	O
H	P	S	W	I	R	G	E	L	R	J	F	P	N	M	P
K	F	H	F	D	U	O	S	H	E	F	Z	V	I	N	G
K	A	B	Á	T	H	X	Z	A	W	F	U	I	U	U	V
M	G	D	P	C	A	Y	D	O	J	K	M	N	Y	M	E

KARKÖTŐ
BLÚZ
ÖV
NYAKLÁNC
KESZTYŰ
ING
NADRÁG
KALAP
DZSEKI
FARMER
RUHA
KABÁT
DIVAT
PULÓVER
SZOKNYA
SÁL
PIZSAMA
ÉKSZEREK
CIPŐ
KÖTÉNY

85 - Haus

P	C	X	R	A	C	K	K	T	U	Z	M	W	N	D	Y
E	A	B	O	Z	S	E	É	L	A	F	D	Y	W	G	T
L	B	D	H	P	X	R	M	Á	T	R	E	K	O	C	W
R	O	Z	L	R	O	Í	É	M	J	Ü	X	M	A	K	W
K	Z	S	I	Á	H	T	N	P	S	O	K	E	P	C	S
A	S	E	E	T	S	É	Y	A	Z	N	H	Ö	Y	A	U
X	Ó	P	T	V	L	S	U	H	Á	U	N	W	R	T	T
O	L	R	U	Y	B	Ú	T	O	R	C	H	Z	M	E	E
B	Á	Ű	L	N	E	F	S	A	A	E	V	A	H	Z	T
B	H	M	Z	Ö	W	S	E	H	G	V	R	J	N	E	Ő
P	M	S	E	K	F	D	U	Y	L	C	Z	D	N	Y	J
O	K	A	T	O	H	K	A	N	D	A	L	L	Ó	N	I
N	X	Z	K	F	E	C	R	O	J	L	Z	E	A	N	T
A	S	S	G	W	F	K	N	K	A	J	T	Ó	L	E	Z
G	R	V	H	P	R	Y	A	B	L	A	K	G	A	M	E
A	R	D	K	N	D	N	R	X	X	W	J	L	J	Y	U

SEPRŰ
KÖNYVTÁR
TETŐ
PADLÁS
MENNYEZET
ZUHANY
ABLAK
GARÁZS
KERT
KANDALLÓ
KONYHA
LÁMPA
BÚTOR
HÁLÓSZOBA
KÉMÉNY
TÜKÖR
AJTÓ
FAL
KERÍTÉS
SZOBA

86 - Bauernhof #1

L	S	H	U	T	K	E	R	Í	T	É	S	W	C	B	R
V	A	R	J	Ú	R	C	N	A	P	S	L	M	S	O	I
S	H	W	N	C	J	Á	O	I	S	T	V	F	I	R	Z
U	V	J	Z	L	L	O	G	T	K	M	É	Z	R	J	S
S	Z	F	F	O	K	A	F	Y	A	A	V	X	K	Ú	P
R	Z	J	L	N	M	P	F	C	A	L	A	M	E	E	F
F	Í	É	L	N	D	T	F	U	K	H	B	O	K	A	L
Y	V	J	N	É	H	E	T	D	S	K	R	R	S	Y	U
X	D	U	K	A	R	I	I	T	C	M	G	S	C	U	X
S	J	N	L	W	M	K	H	X	A	F	L	M	E	R	J
S	W	U	E	U	É	X	H	K	M	X	E	O	K	E	M
K	U	T	Y	A	H	G	C	R	F	S	A	F	A	C	E
M	E	Z	Ő	G	A	Z	D	A	S	Á	G	J	Ö	X	Z
T	C	R	R	M	C	X	E	V	Z	L	D	N	Ó	L	Ő
I	K	G	I	M	G	B	G	H	I	H	J	Z	N	V	D
H	K	F	U	T	G	W	G	C	S	Z	A	M	Á	R	I

MÉH
TRÁGYA
SZAMÁR
MEZŐ
SZÉNA
MÉZ
CSIRKE
KUTYA
BORJÚ
MACSKA

VARJÚ
TEHÉN
FÖLD
MEZŐGAZDASÁG
LÓ
RIZS
MALAC
VÍZ
KERÍTÉS
KECSKE

87 - Regierung

K	M	U	L	Ó	B	M	I	Z	S	L	F	D	P	J	W
E	M	R	C	V	L	E	P	E	P	M	Ü	E	O	Z	P
R	K	Y	E	W	E	D	S	M	V	A	G	M	L	I	Y
Ü	P	N	C	J	T	Z	C	Z	U	W	G	O	I	R	W
L	V	S	O	P	S	R	E	M	É	B	E	K	T	G	I
E	A	Y	N	É	V	R	Ö	T	O	D	T	R	I	É	G
T	C	V	G	I	L	O	N	J	Ő	Y	L	Á	K	S	A
T	Y	N	Á	M	T	O	K	L	A	H	E	C	A	Ő	Z
G	I	S	S	É	K	É	B	R	C	K	N	I	F	L	S
Á	F	H	D	V	I	T	A	B	K	P	S	A	U	N	Á
C	L	S	A	F	R	L	N	Ű	M	K	É	L	M	E	G
O	G	L	B	T	G	T	E	J	L	O	G	G	D	Y	O
X	W	B	A	U	J	W	M	B	J	G	J	T	S	G	S
I	T	E	Z	M	E	N	Z	B	V	O	C	R	N	E	S
L	C	N	S	Y	B	P	E	F	J	J	T	A	J	H	Á
P	O	L	G	Á	R	I	T	W	P	Z	D	S	P	X	G

KERÜLET
DEMOKRÁCIA
EMLÉKMŰ
VITA
SZABADSÁG
BÉKÉS
VEZETŐ
IGAZSÁGOSSÁG
TÖRVÉNY
EGYENLŐSÉG

NEMZET
NEMZETI
POLITIKA
JOGOK
BESZÉD
ÁLLAM
SZIMBÓLUM
FÜGGETLENSÉG
ALKOTMÁNY
POLGÁRI

88 - Berufe #1

B	C	O	Á	H	L	D	W	S	B	U	S	W	G	T	S
V	F	A	P	P	T	F	J	N	A	G	U	P	W	C	V
O	R	V	O	S	O	V	T	Ő	N	B	I	Y	E	T	N
T	V	F	N	U	Z	L	R	L	K	P	M	X	B	A	U
Á	A	Z	I	G	P	Z	Ó	E	Á	G	L	G	C	X	P
N	D	Z	H	Ó	S	S	O	V	R	O	T	A	L	L	Á
C	Á	S	F	L	D	É	V	Y	G	Ü	Y	T	L	T	Y
O	S	É	F	O	N	V	F	N	R	C	E	S	S	É	W
S	Z	R	S	E	U	Ű	T	Ö	M	F	C	I	Z	R	R
M	S	E	A	G	P	M	A	K	I	N	Z	R	E	K	O
P	S	Z	I	C	H	O	L	Ó	G	U	S	O	R	É	D
P	Z	S	F	G	L	P	U	B	W	X	É	G	E	P	F
S	Z	K	N	E	P	U	F	A	Z	E	N	N	L	É	K
R	S	É	M	I	T	R	T	Z	P	D	E	O	Ő	S	D
C	S	I	L	L	A	G	Á	S	Z	Z	Z	Z	R	Z	O
N	A	G	Y	K	Ö	V	E	T	Y	Ő	E	K	P	A	X

ORVOS
CSILLAGÁSZ
BANKÁR
NAGYKÖVET
KÖNYVELŐ
GEOLÓGUS
VADÁSZ
ÉKSZERÉSZ
TÉRKÉPÉSZ
ÁPOLÓ

MŰVÉSZ
SZERELŐ
ZENÉSZ
ZONGORISTA
PSZICHOLÓGUS
ÜGYVÉD
SZABÓ
TÁNCOS
ÁLLATORVOS
EDZŐ

89 - Adjektive #1

S	M	I	Y	X	Z	Y	F	I	M	H	P	U	M	M	U
Á	Ö	W	N	W	W	E	O	C	I	Ű	A	R	É	X	O
R	K	T	Ú	L	O	Z	S	B	A	A	V	P	L	I	S
T	K	Z	É	H	E	N	W	O	E	Z	K	É	Y	B	N
A	C	V	Í	T	K	A	F	N	X	O	F	A	S	D	E
T	T	Ö	K	É	L	E	T	E	S	N	I	R	H	Z	Y
L	Ő	S	Z	I	N	T	E	Y	N	O	K	É	V	F	I
A	É	Z	L	M	I	N	B	B	B	S	Ó	W	G	O	N
N	P	R	B	R	N	R	P	A	N	G	R	O	K	N	W
P	K	F	T	B	O	U	O	R	P	A	I	S	Z	T	N
F	C	D	Z	É	Z	Y	M	O	T	Y	Á	G	J	O	B
V	P	M	G	L	K	S	N	M	F	V	S	C	S	S	S
Y	V	O	N	Z	Ó	E	C	Á	P	V	I	U	Z	V	C
B	O	L	D	O	G	Ú	S	S	A	L	D	U	É	F	L
M	O	D	E	R	N	C	H	L	F	H	E	P	P	V	D
V	R	E	J	M	C	I	O	Y	V	L	V	G	G	C	X

ABSZOLÚT
AKTÍV
AROMÁS
VONZÓ
SÖTÉT
VÉKONY
ŐSZINTE
BOLDOG
AZONOS
MŰVÉSZI
LASSÚ
MODERN
TÖKÉLETES
ÓRIÁSI
SZÉP
NEHÉZ
MÉLY
ÁRTATLAN
ÉRTÉKES
FONTOS

90 - Geometrie

S	R	F	L	T	P	Á	R	H	U	Z	A	M	O	S	F
N	Z	D	S	E	V	R	Í	R	S	K	W	Á	B	N	R
E	W	I	C	L	W	Z	K	V	K	Z	H	Z	E	É	V
M	L	V	M	É	D	B	I	J	Ö	T	Ö	S	S	G	V
G	K	Í	O	M	Y	U	A	L	R	Z	V	G	I	Y	J
E	S	Z	Y	L	E	G	A	O	G	E	M	Ö	T	Z	D
Z	Z	S	G	E	N	T	B	K	Á	S	F	J	H	E	I
S	Á	Z	R	G	W	Z	R	L	S	D	V	F	R	T	M
F	M	I	V	Y	Y	B	P	I	S	G	P	D	U	X	E
E	Í	N	M	E	E	Ő	F	V	A	K	I	G	O	L	N
L	T	T	Y	N	Á	R	A	R	G	I	O	H	U	R	Z
Ü	Á	E	L	L	C	É	Z	D	A	P	P	Z	S	Y	I
L	S	S	P	E	F	M	F	I	M	S	W	H	W	A	Ó
E	K	R	X	T	P	T	H	Á	R	O	M	S	Z	Ö	G
T	X	N	U	D	F	Á	A	T	C	D	T	F	L	N	F
Z	R	I	W	D	V	C	A	V	R	L	H	K	B	R	S

ARÁNY
SZÁMÍTÁS
DIMENZIÓ
HÁROMSZÖG
ÁTMÉRŐ
EGYENLET
VÍZSZINTES
MAGASSÁG
KÖR
ÍV
LOGIKA
TÖMEG
SZÁM
FELÜLET
PÁRHUZAMOS
NÉGYZET
SZEGMENS
SZIMMETRIA
ELMÉLET
SZÖG

91 - Jazz

K	U	Y	L	I	D	H	E	V	G	V	T	M	V	Ó	T
Z	O	G	T	P	I	O	Í	E	E	Z	V	U	V	I	J
E	Ő	N	X	D	X	K	U	R	K	W	Y	B	C	C	D
N	Z	W	C	G	Y	W	Z	W	E	C	V	L	D	Á	K
E	R	R	A	E	B	M	R	F	C	S	P	A	T	Z	S
N	E	Z	C	X	R	Z	K	F	N	U	Z	D	D	I	T
S	Z	Ó	L	Ó	A	T	O	H	E	M	E	A	F	V	Í
U	S	A	Y	G	U	R	M	E	V	T	N	L	T	O	L
D	E	K	P	G	U	D	R	W	D	I	E	O	W	R	U
L	N	I	Y	É	V	R	R	G	E	R	K	J	R	P	S
Z	E	N	É	S	Z	E	K	H	K	J	A	F	Ű	M	H
S	Z	H	Y	T	B	I	I	A	D	M	R	O	N	I	C
É	B	C	Z	E	T	R	S	R	E	D	R	H	B	R	C
V	P	E	U	H	K	S	L	N	I	C	É	A	F	S	B
Ű	K	T	Y	E	C	P	U	V	I	O	G	D	Ú	N	K
M	K	N	H	T	N	T	S	U	B	B	I	K	L	J	R

ALBUM
RÉGI
TAPS
HÍRES
KEDVENCEK
MŰFAJ
IMPROVIZÁCIÓ
ZENESZERZŐ
KONCERT
MŰVÉSZ
DAL
ZENE
ZENÉSZEK
ÚJ
ZENEKAR
RITMUS
SZÓLÓ
STÍLUS
TEHETSÉG
TECHNIKA

92 - Mathematik

Y	F	S	B	K	É	D	E	R	Ö	T	O	D	A	U	B
P	J	C	K	Y	H	B	G	T	T	E	L	Ü	R	E	K
D	Á	J	F	R	A	C	Y	E	L	Z	Z	Z	B	T	E
A	I	R	T	E	M	O	E	G	N	Y	X	K	A	S	G
S	W	N	H	L	D	M	N	N	L	G	E	Z	S	S	Ö
Z	X	O	J	U	N	Y	L	T	B	É	C	L	L	O	Z
Á	E	H	A	Z	Z	C	E	H	É	N	B	C	G	N	S
M	W	A	J	U	C	A	T	N	O	G	I	L	O	P	V
O	F	S	I	N	S	B	M	Ö	G	R	L	Z	Y	Z	O
K	U	F	R	O	W	K	M	O	R	U	A	A	T	J	P
H	Á	R	O	M	S	Z	Ö	G	S	C	B	N	L	E	W
L	R	E	D	S	U	G	Á	R	H	V	X	M	S	A	A
M	E	R	Ő	L	E	G	E	S	E	D	E	Z	I	T	P
Á	T	M	É	R	Ő	V	E	T	I	K	A	H	V	S	T
S	Z	I	M	M	E	T	R	I	A	F	O	W	K	C	Y
B	K	Y	T	E	V	K	F	S	Z	Á	M	T	A	N	F

SZÁMTAN
TÖREDÉK
TIZEDES
HÁROMSZÖG
ÁTMÉRŐ
KITEVŐ
GEOMETRIA
EGYENLET
GÖMB
PÁRHUZAMOS

POLIGON
NÉGYZET
SUGÁR
TÉGLALAP
MERŐLEGES
ÖSSZEG
SZIMMETRIA
KERÜLET
SZÖGEK
SZÁMOK

93 - Messungen

C	D	V	X	M	O	B	B	D	R	J	Y	X	L	M	K
S	E	D	E	Z	I	T	A	Z	O	K	O	F	I	A	I
S	W	N	T	S	Z	É	L	E	S	S	É	G	T	G	L
R	O	F	T	O	L	M	K	V	T	R	T	É	E	A	O
J	M	R	L	I	N	Y	W	T	Y	V	Y	S	R	S	M
V	I	V	Z	O	M	N	H	O	S	S	Z	Y	D	S	É
T	O	M	H	W	M	É	A	K	N	O	G	L	I	Á	T
G	W	T	T	N	A	Z	T	D	V	H	X	É	H	G	E
I	M	K	Z	A	R	J	T	E	B	A	Ő	M	T	F	R
E	L	G	X	C	G	V	M	J	R	F	R	E	Z	U	C
N	P	K	Y	L	E	V	Ü	H	S	X	É	T	W	N	W
N	E	U	J	M	M	D	B	Á	J	T	M	K	U	C	M
S	R	I	U	N	Ö	F	M	M	A	R	G	O	L	I	K
Ú	C	U	W	M	T	J	I	M	L	J	V	R	E	A	N
L	V	D	U	V	B	K	F	H	A	O	B	X	M	Z	S
Y	A	P	C	K	Y	K	F	X	E	Y	F	D	X	S	G

SZÉLESSÉG
BÁJT
TIZEDES
SÚLY
FOKOZAT
GRAMM
MAGASSÁG
KILOGRAMM
KILOMÉTER
HOSSZ
LITER
TÖMEG
MÉRŐ
PERC
KVART
MÉLYSÉG
TONNA
UNCIA
CENTIMÉTER
HÜVELYK

94 - Boxen

K	Y	D	R	G	P	S	N	K	Z	R	G	A	G	K	T
Ö	X	T	O	J	Á	T	É	K	V	E	Z	E	T	Ő	E
T	H	A	R	A	N	G	Ű	L	D	S	K	H	V	H	S
E	R	N	M	O	P	R	Y	U	Ü	U	A	K	Y	F	T
L	Ú	C	R	J	K	O	T	N	O	P	V	R	D	R	P
E	G	F	N	B	L	E	Z	V	K	B	É	H	O	A	C
K	Á	B	Z	B	P	O	S	I	Ö	W	T	L	Ö	K	Ö
R	S	J	X	U	G	S	E	I	N	Y	I	U	E	F	I
K	É	S	Z	S	É	G	K	Á	Y	B	S	G	P	F	S
I	S	W	K	S	X	O	W	L	Ö	F	Ó	K	U	S	Z
L	É	F	N	E	L	L	E	L	K	M	V	C	I	A	F
G	Y	O	R	S	T	L	Ü	R	E	M	I	K	T	O	V
S	É	R	Ü	L	É	S	E	K	Ő	M	D	R	W	U	C
S	B	J	X	D	E	D	Z	S	I	V	G	N	W	U	Y
D	Y	U	H	A	R	C	O	S	W	N	B	B	X	T	F
J	J	X	A	X	G	A	J	O	G	Z	W	X	X	C	Z

SAROK
KÖNYÖK
KIMERÜLT
ÖKÖL
KÉSZSÉG
FÓKUSZ
ELLENFÉL
HARANG
KESZTYŰ
HARCOS

RÚGÁS
ÁLL
TEST
PONTOK
FELÉPÜLÉS
JÁTÉKVEZETŐ
GYORS
KÖTELEK
ERŐ
SÉRÜLÉSEK

95 - Psychologie

A	P	M	T	G	A	G	I	B	H	E	F	I	É	T	G
L	H	P	L	U	O	O	E	A	P	J	L	W	R	E	Y
C	Z	I	X	D	D	N	R	F	K	V	E	W	T	R	E
R	C	F	A	J	D	A	D	W	T	I	Z	I	É	Á	R
V	A	L	Ó	S	Á	G	T	O	H	S	N	O	K	P	M
P	R	O	B	L	É	M	A	A	L	D	D	I	E	I	E
N	É	S	Z	L	E	L	É	S	L	A	L	O	L	A	K
K	O	N	F	L	I	K	T	U	S	A	T	P	É	K	K
V	I	S	E	L	K	E	D	É	S	H	T	O	S	Ö	O
E	M	L	É	K	E	K	X	K	M	G	F	T	K	T	R
E	S	Z	M	É	L	E	T	L	E	N	X	X	I	L	I
B	E	F	O	L	Y	Á	S	O	K	J	B	X	A	E	T
F	W	M	E	G	I	S	M	E	R	É	S	V	D	T	U
W	É	N	W	E	Á	L	M	O	K	M	K	Y	P	E	M
S	Z	E	M	É	L	Y	I	S	É	G	D	L	K	K	H
S	Z	E	N	Z	Á	C	I	Ó	B	K	O	I	T	G	Y

ÉRTÉKELÉS
ESZMÉLETLEN
ÉN
BEFOLYÁSOK
EMLÉKEK
GONDOLATOK
ÖTLETEK
GYERMEKKOR
KLINIKAI
MEGISMERÉS
KONFLIKTUS
SZEMÉLYISÉG
PROBLÉMA
SZENZÁCIÓ
TERÁPIA
ÁLMOK
TUDATALATTI
VISELKEDÉS
ÉSZLELÉS
VALÓSÁG

96 - Bauernhof #2

J	B	M	J	U	H	Y	P	W	D	B	Á	S	D	X	N
O	F	É	P	L	I	I	E	V	W	Á	D	R	S	O	S
X	E	H	Y	R	S	A	K	G	C	R	P	R	P	A	Z
X	T	K	O	G	C	R	K	Z	B	Á	C	H	D	A	É
G	I	A	C	I	R	O	K	U	K	N	C	C	G	Z	L
V	Y	S	J	S	L	T	J	K	H	Y	G	F	A	Ú	M
W	N	Ü	F	N	Á	K	K	A	A	O	H	L	Z	B	A
C	É	P	M	P	M	A	S	C	A	K	F	O	D	I	L
L	V	D	T	Ö	A	R	Z	B	Y	R	K	M	A	S	O
H	Ö	U	N	E	L	T	G	Y	Ü	M	Ö	L	C	S	M
B	N	F	C	R	J	C	D	K	L	X	K	C	K	P	E
L	B	N	X	T	I	Y	S	É	Z	Ö	T	N	Ö	A	J
P	G	C	X	H	D	V	P	Ö	É	R	E	T	T	J	B
Z	U	Z	C	M	R	O	T	Z	S	Á	P	U	O	T	E
K	C	S	Y	D	É	S	V	H	R	N	P	G	Y	A	M
F	I	Y	D	Z	T	G	L	B	W	E	S	K	H	J	H

GAZDA
ÖNTÖZÉS
MÉHKAS
KACSA
GYÜMÖLCS
NÖVÉNYI
ÁRPA
LÁMA
BÁRÁNY
KUKORICA
TEJ
GYÜMÖLCSÖS
ÉRETT
JUH
PÁSZTOR
PAJTA
TRAKTOR
BÚZA
RÉT
SZÉLMALOM

97 - Gartenarbeit

N	S	Z	S	Z	A	W	C	P	G	T	O	I	C	W	V
E	P	N	Ö	D	I	W	K	I	F	M	J	D	K	T	I
D	K	V	S	R	T	K	H	L	M	M	A	G	O	K	R
V	W	Z	C	X	G	D	U	U	I	K	L	K	Z	É	Á
E	Y	B	L	Y	V	F	L	T	Z	D	A	Y	S	G	G
S	T	Y	Ö	É	Y	Í	U	A	V	U	T	D	I	H	Z
S	M	F	M	V	V	P	Z	Z	N	Ő	Y	I	P	A	E
É	E	H	Ü	S	Z	E	Z	O	N	Á	L	I	S	J	I
G	I	U	Y	U	T	Z	L	B	V	J	Á	M	S	L	O
V	X	D	G	K	G	R	U	M	S	X	T	H	Ö	A	F
R	K	A	K	I	N	A	T	O	B	E	R	R	T	T	A
Z	Y	Z	Ő	T	E	H	E	L	T	G	A	D	W	B	J
D	K	S	Y	O	K	F	N	R	K	A	T	L	P	D	B
O	T	I	Y	Z	V	Y	B	K	O	M	P	O	S	Z	T
H	X	Z	W	G	I	P	B	T	E	I	R	D	G	N	L
E	Y	D	P	E	C	S	O	K	O	R	O	K	G	H	I

FAJ
LEVÉL
VIRÁG
TALAJ
BOTANIKA
TARTÁLY
EHETŐ
EGZOTIKUS
NEDVESSÉG
ÉGHAJLAT
KOMPOSZT
LOMBOZAT
GYÜMÖLCSÖS
MAGOK
SZEZONÁLIS
TÖMLŐ
PISZOK
CSOKOR
VÍZ

98 - Berufe #2

S	Ó	T	O	F	E	I	P	W	D	L	L	G	A	H	G
D	E	S	U	G	Ó	L	O	I	B	X	H	G	F	G	F
N	J	B	Ó	L	Á	L	A	T	L	E	F	X	F	B	Z
K	N	T	É	T	S	U	G	L	J	Ó	O	G	O	Y	I
E	Y	Z	B	S	B	S	E	T	M	R	T	R	Y	K	Y
R	O	X	F	Ó	Z	Z	U	T	W	Í	A	A	V	S	B
T	M	K	I	J	S	T	F	S	U	G	Ó	L	O	O	Z
É	O	U	V	A	É	R	O	F	C	Á	U	W	V	R	S
S	Z	T	S	H	V	Á	G	E	A	S	W	D	I	Á	M
Z	Ó	A	H	R	L	T	O	S	B	J	G	K	Z	T	Z
Z	V	T	R	Ű	E	O	R	T	T	Ú	Y	Ö	F	V	F
A	B	Ó	L	U	Y	R	V	Ő	J	K	W	N	S	Y	B
F	S	Y	K	G	N	I	O	T	A	N	Á	R	R	N	C
M	V	Y	U	F	Z	I	S	H	M	M	R	É	U	Ö	T
D	F	I	L	O	Z	Ó	F	U	S	Y	S	M	O	K	I
N	I	M	B	F	D	N	Z	O	Z	V	P	Y	V	H	U

ORVOS
ŰRHAJÓS
KÖNYVTÁROS
BIOLÓGUS
SEBÉSZ
NYOMOZÓ
FELTALÁLÓ
KUTATÓ
FOTÓS
KERTÉSZ
ILLUSZTRÁTOR
MÉRNÖK
ÚJSÁGÍRÓ
TANÁR
NYELVÉSZ
FESTŐ
FILOZÓFUS
PILÓTA
FOGORVOS
ZOOLÓGUS

99 - Wetter

H	F	U	N	N	V	I	Z	J	N	F	A	L	D	V	M
S	Ő	T	R	Ó	P	U	S	I	É	F	A	K	Z	I	E
Z	W	M	C	Z	O	G	G	F	N	G	L	D	F	L	N
I	U	G	É	A	S	V	B	Y	P	Y	D	I	N	L	N
V	Y	F	I	R	H	Z	J	S	Z	E	L	L	Ő	Á	Y
Á	S	X	Y	Á	S	I	R	Á	L	O	P	L	J	M	D
R	B	U	Y	Z	A	É	H	U	R	R	I	K	Á	N	Ö
V	B	H	M	S	R	Ö	K	G	É	L	F	T	P	W	R
Á	O	A	O	I	S	Z	G	L	E	E	S	E	S	Z	G
N	E	V	N	X	G	V	N	K	E	D	H	H	L	S	É
Y	I	V	S	K	E	P	U	G	I	T	D	N	P	H	S
I	R	J	Z	V	I	H	A	R	R	S	N	E	S	H	Ő
Y	J	W	U	K	H	K	Ö	D	O	Z	X	U	P	L	R
Ó	D	Á	N	R	O	T	S	D	P	É	A	V	G	V	R
A	S	Z	Á	L	Y	X	N	O	F	L	R	M	J	L	R
H	L	T	E	Z	W	P	C	É	G	H	A	J	L	A	T

LÉGKÖR
VILLÁM
SZELLŐ
MENNYDÖRGÉS
ASZÁLY
JÉG
ÉG
HURRIKÁN
ÉGHAJLAT
MONSZUN
KÖD
POLÁRIS
SZIVÁRVÁNY
VIHAR
HŐMÉRSÉKLET
TORNÁDÓ
SZÁRAZ
TRÓPUSI
SZÉL
FELHŐ

100 - Chemie

M	N	L	Y	V	Y	R	T	E	C	X	L	G	F	G	S
I	O	N	Ú	K	É	D	A	Y	L	O	F	K	B	U	Z
Z	I	L	L	G	R	G	E	K	F	E	B	P	J	O	E
N	X	V	E	R	O	Y	G	Ó	I	C	K	A	E	R	R
E	T	E	L	K	É	S	R	É	M	Ő	H	T	V	H	V
N	M	X	H	Ő	U	P	W	S	P	N	K	K	R	C	E
U	X	H	Y	G	P	L	V	Ú	P	X	O	A	M	O	S
K	X	E	A	P	B	L	A	L	B	I	X	T	O	A	N
L	K	J	V	A	A	R	S	Y	W	D	I	A	L	F	É
E	L	Y	R	X	S	G	N	R	Z	Á	G	L	Y	Y	Z
Á	Ó	S	C	E	G	M	W	D	A	N	É	I	B	O	S
R	R	B	L	K	W	S	F	R	T	V	N	Z	I	N	Y
I	Z	O	Z	O	U	T	D	N	N	M	R	Á	C	B	L
S	N	M	K	J	W	G	N	T	F	N	E	T	A	L	I
B	K	M	D	E	P	A	C	B	Y	F	A	O	I	H	Z
R	Y	Z	K	C	L	V	U	N	É	G	O	R	D	I	H

LÚGOS
KLÓR
ELEKTRON
ENZIM
FOLYADÉK
GÁZ
SÚLY
HŐ
ION
KATALIZÁTOR
SZÉN
MOLEKULA
NUKLEÁRIS
SZERVES
REAKCIÓ
SÓ
OXIGÉN
SAV
HŐMÉRSÉKLET
HIDROGÉN

1 - Gesundheit und Wellness #2

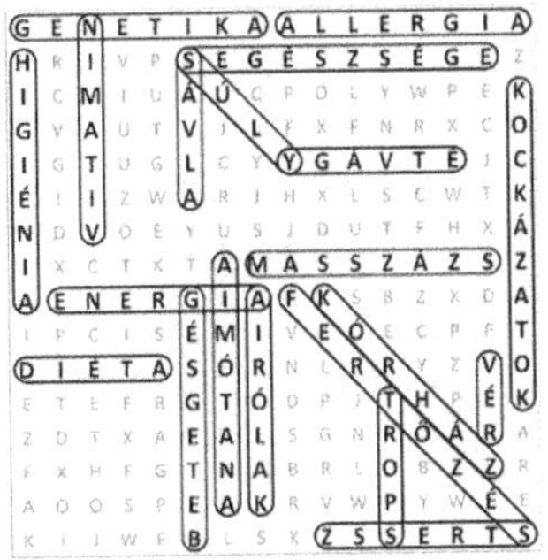

2 - Ozean

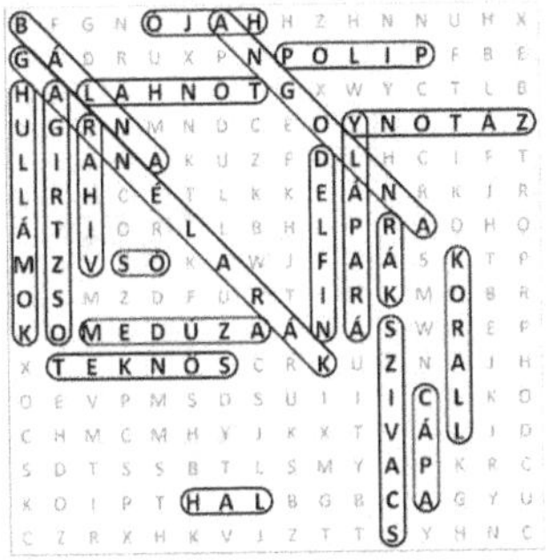

3 - Krankheit

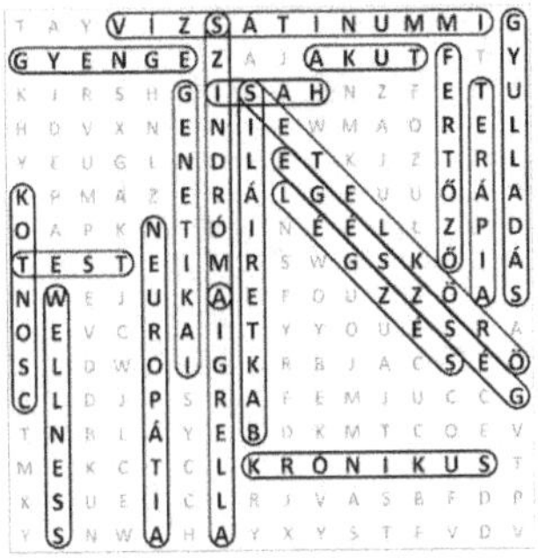

4 - Meditation

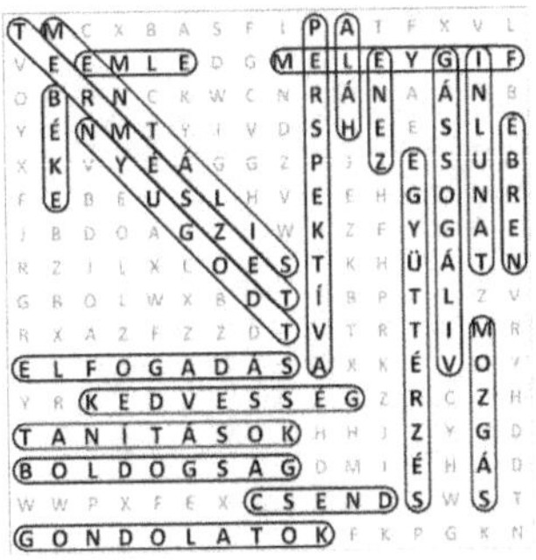

5 - Archäologie

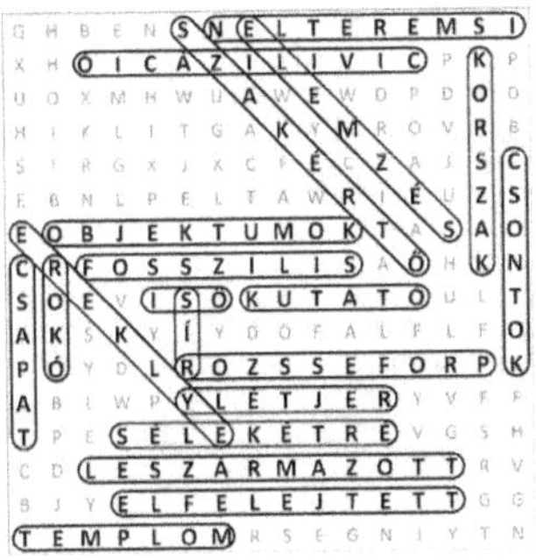

6 - Gesundheit und Wellness #1

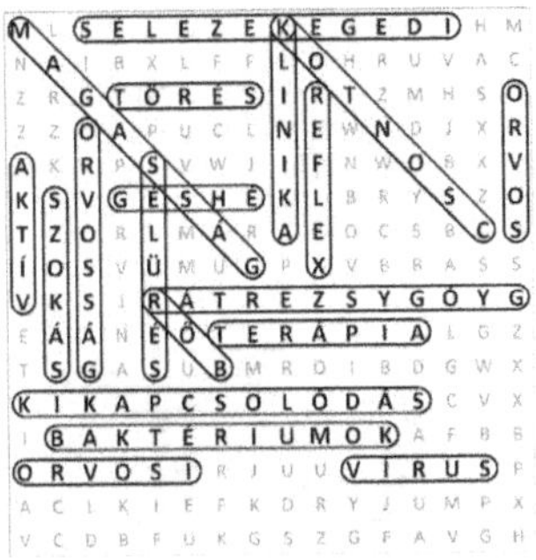

7 - Obst

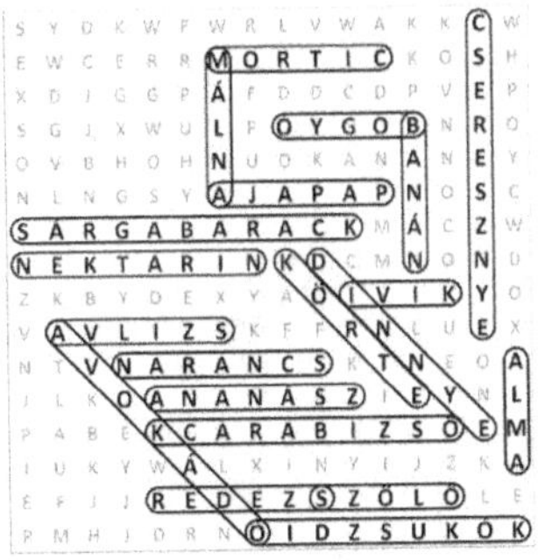

8 - Universum

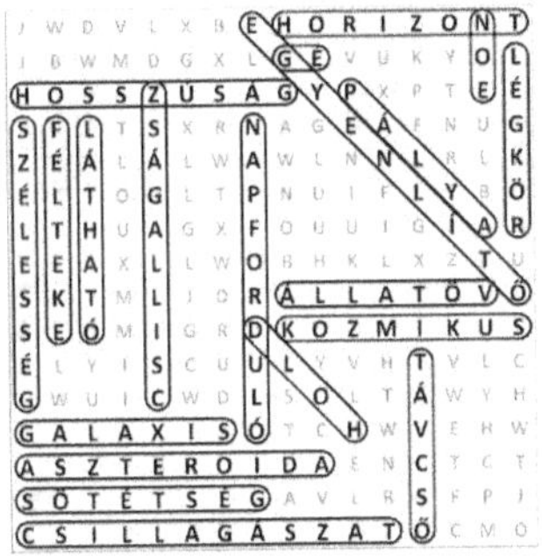

9 - Camping

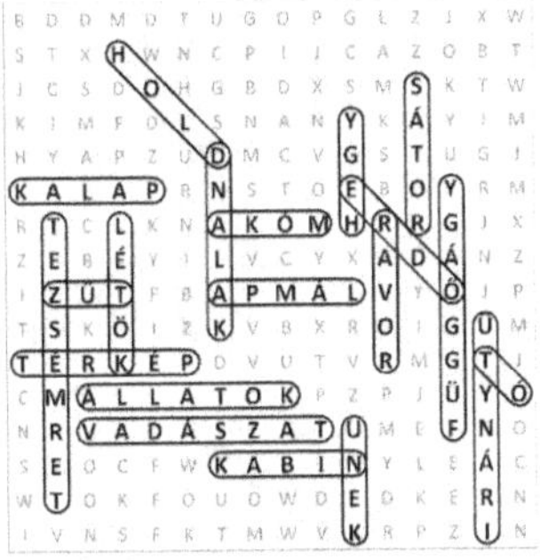

10 - Zeit

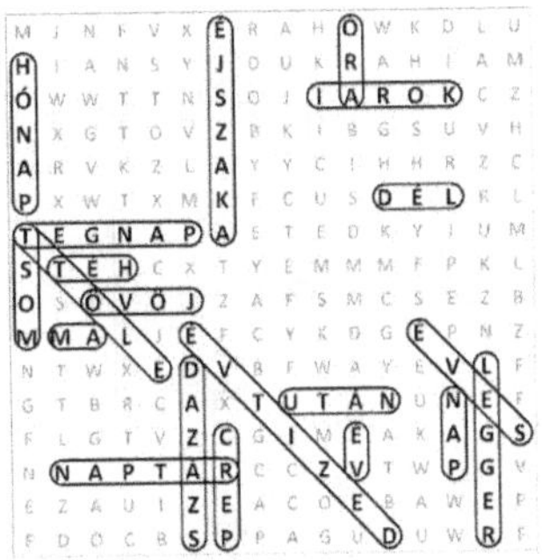

11 - Säugetiere

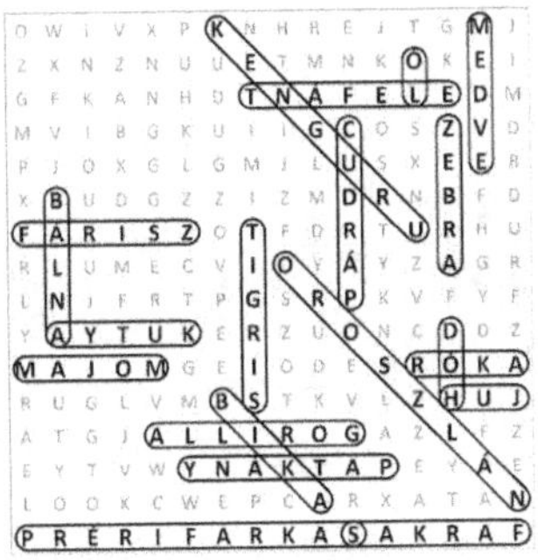

12 - Algebra

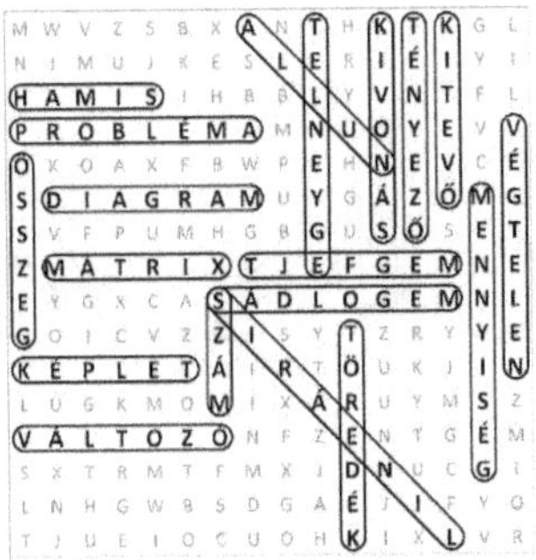

13 - Philanthropie

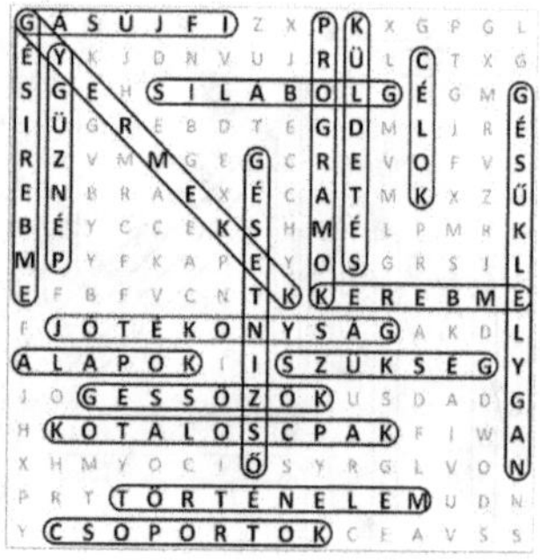

14 - Diplomatie

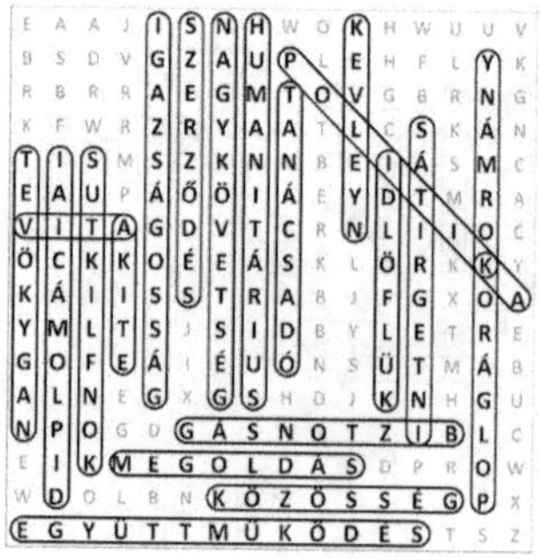

15 - Astronomie

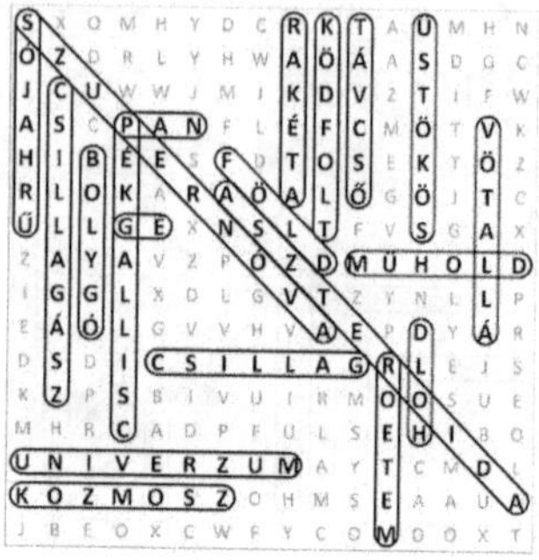

16 - Ballett

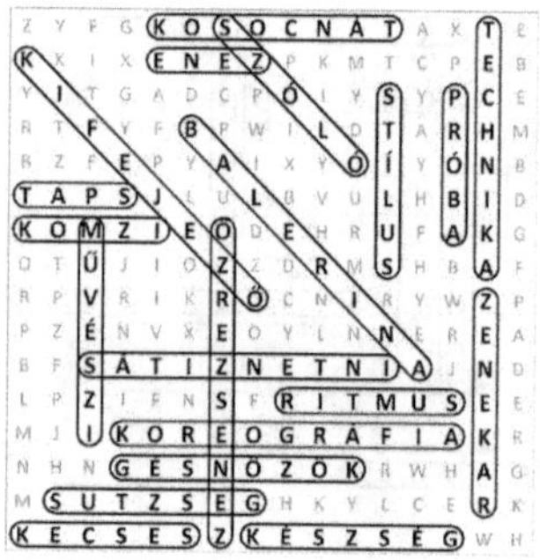

17 - Geologie

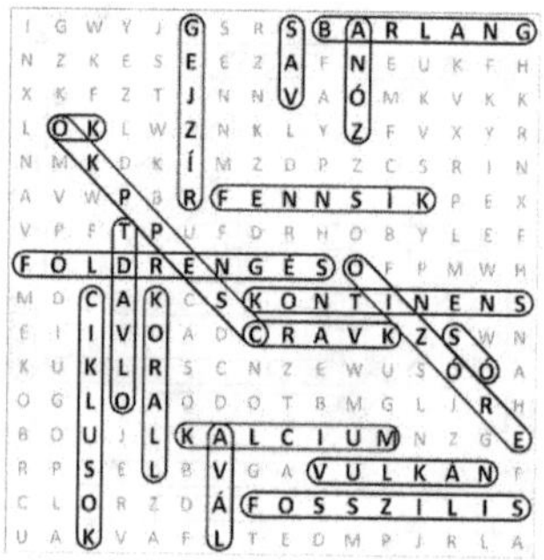

18 - Bildende Kunst

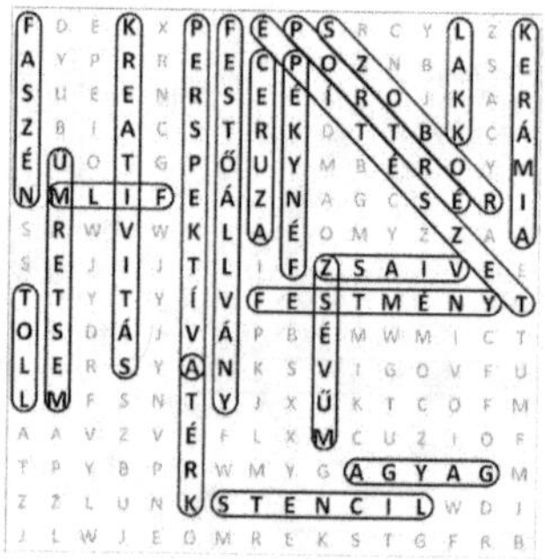

19 - Sport

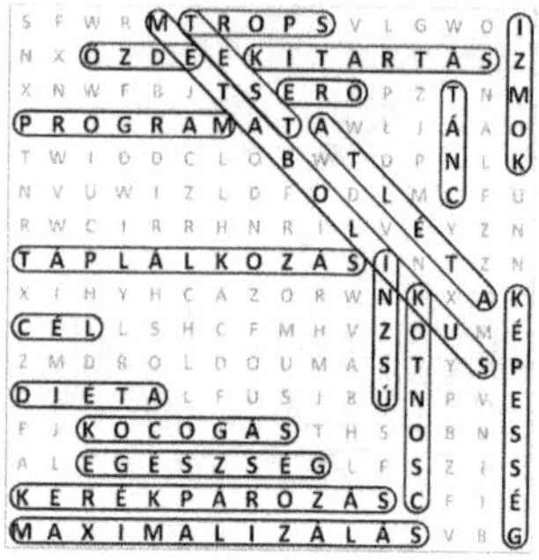

20 - Mythologie

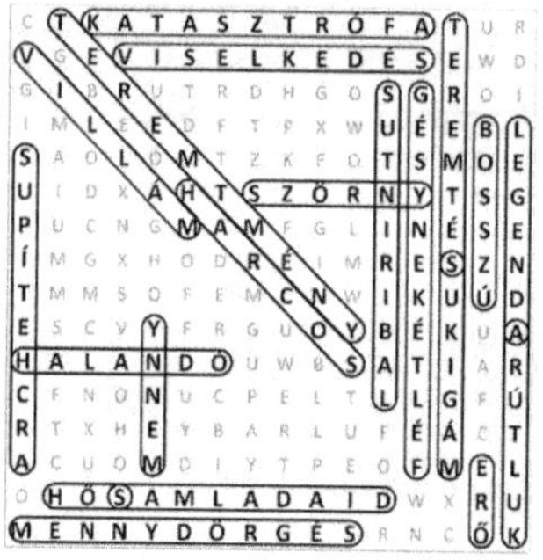

21 - Restaurant #2

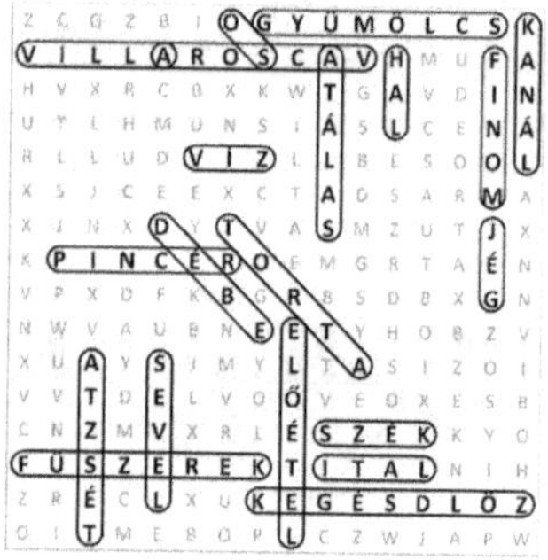

22 - Ökologie

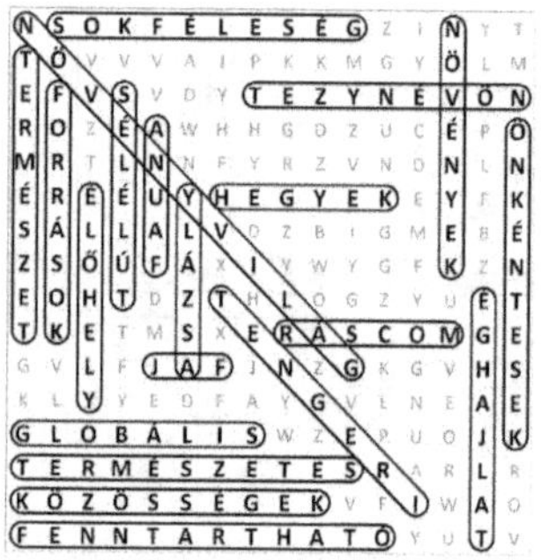

23 - Schokolade

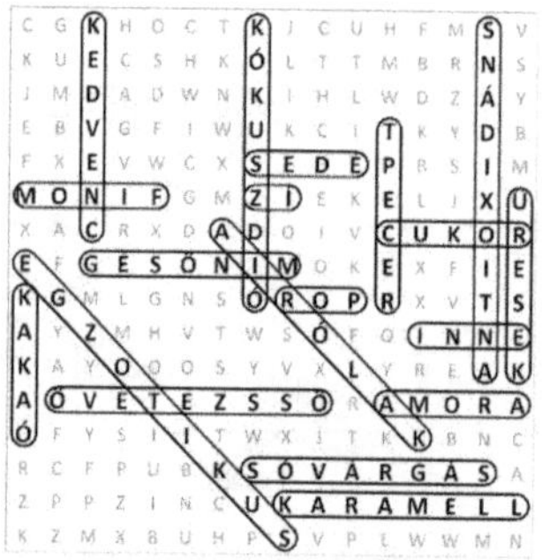

24 - Boote

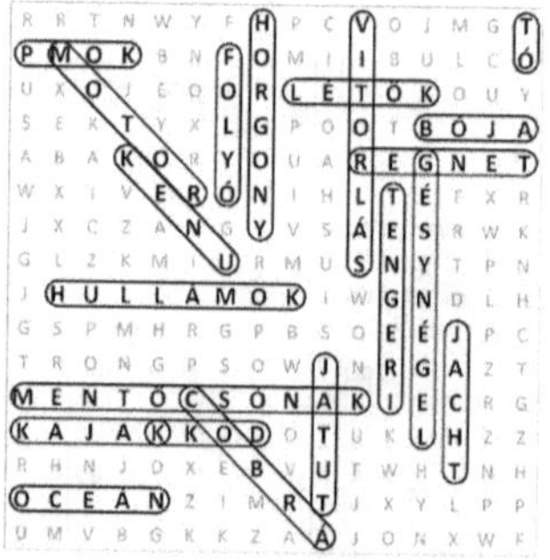

25 - Stadt

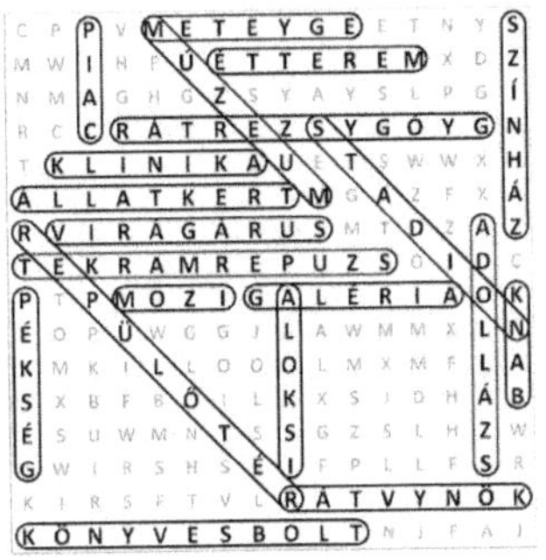

26 - Aktivitäten

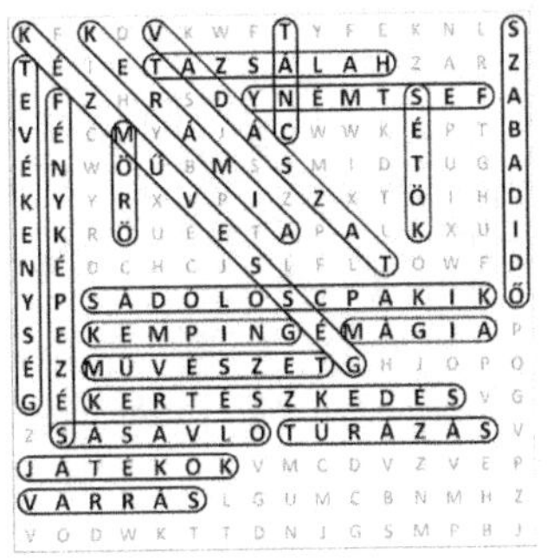

27 - Bienen

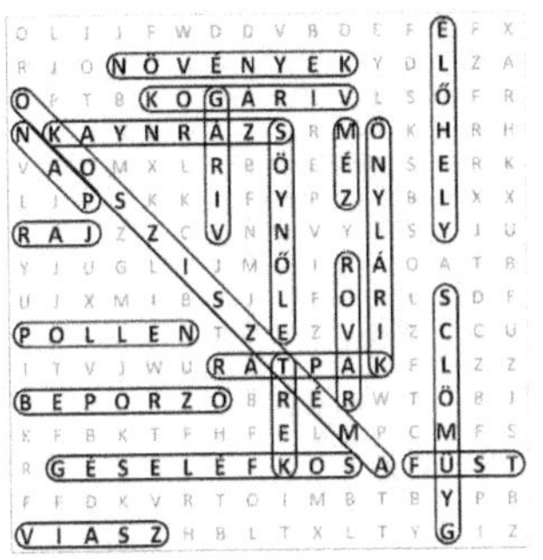

28 - Wissenschaftliche

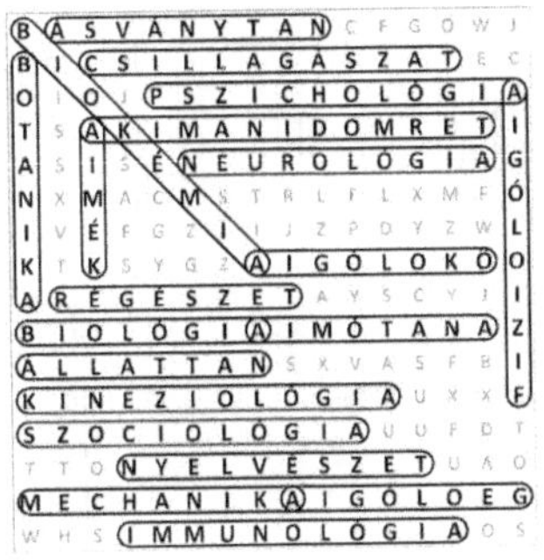

29 - Vögel

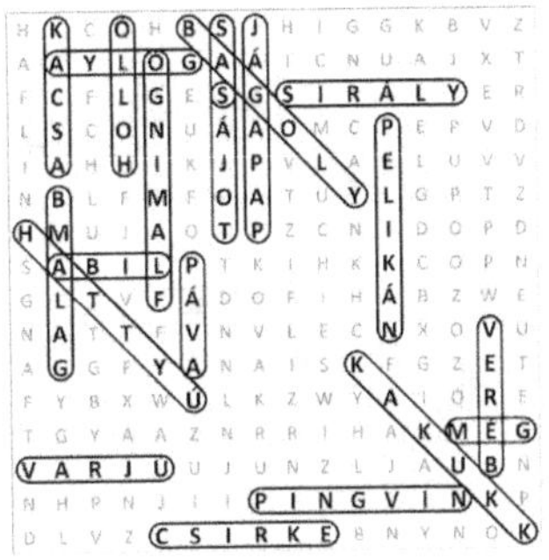

30 - Biologie

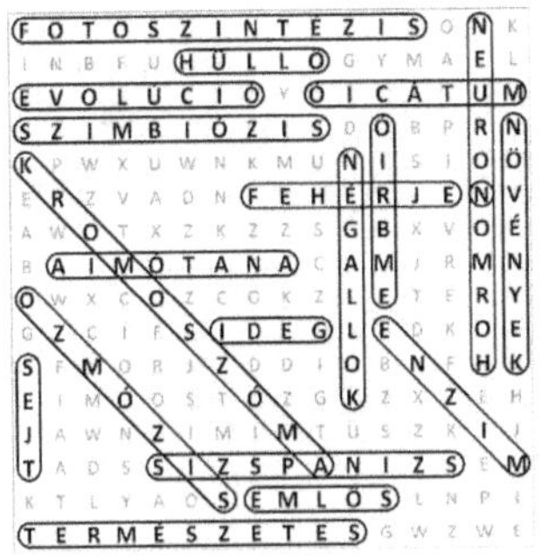

31 - Garten

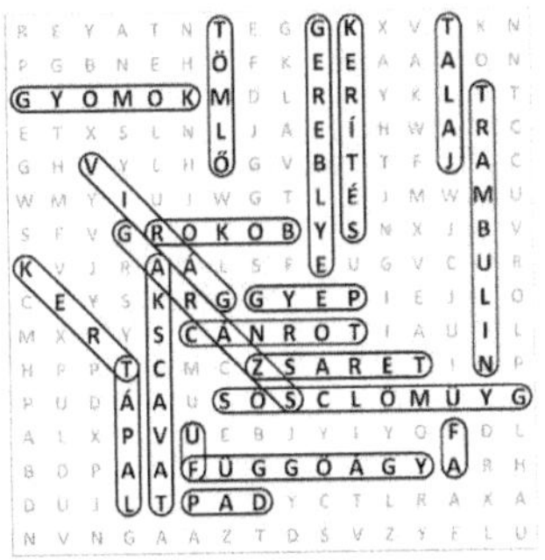

32 - Antarktis

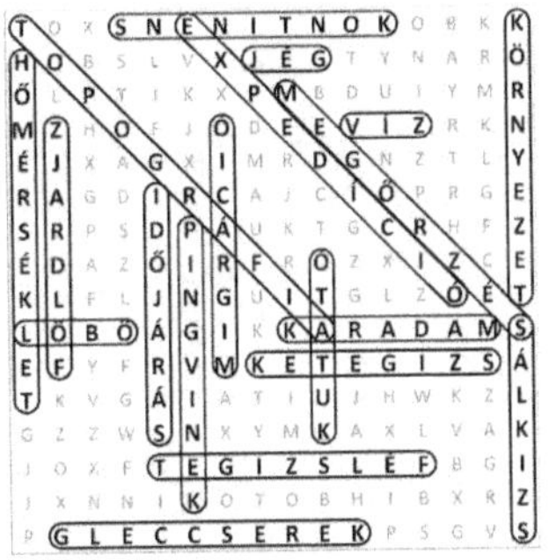

33 - Fahren

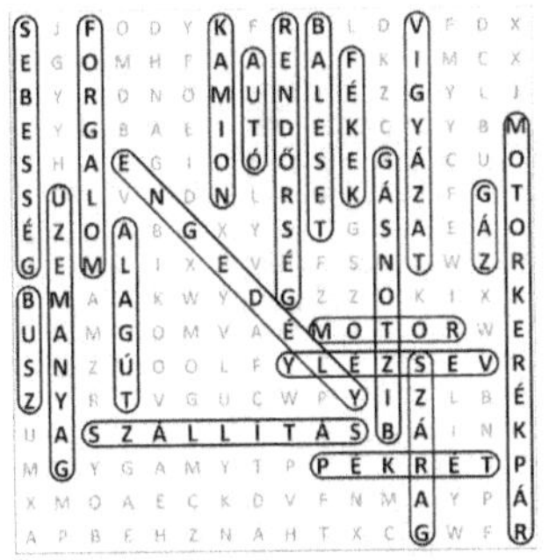

34 - Physik

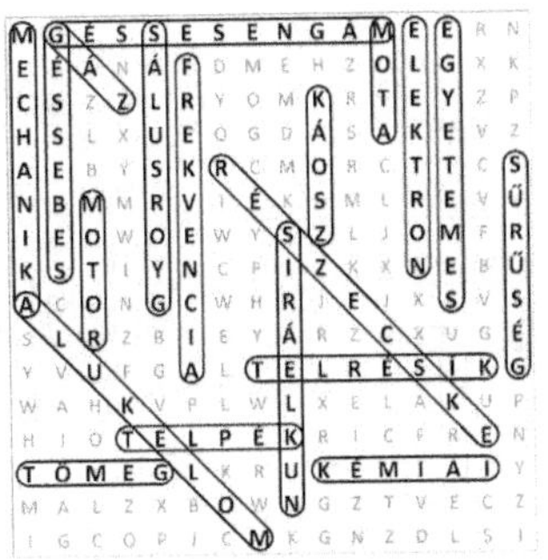

35 - Bücher

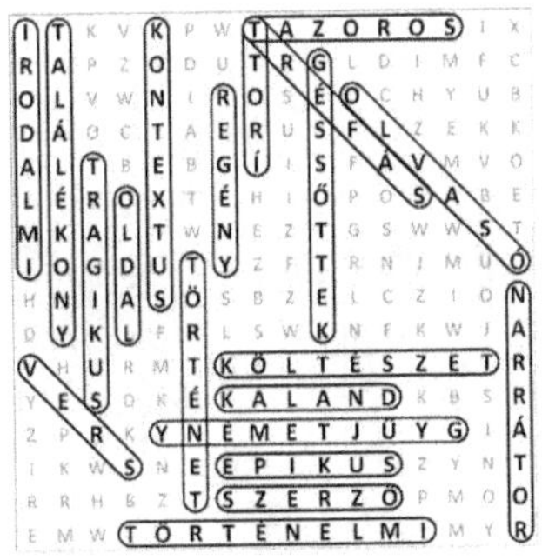

36 - Menschlicher Körper

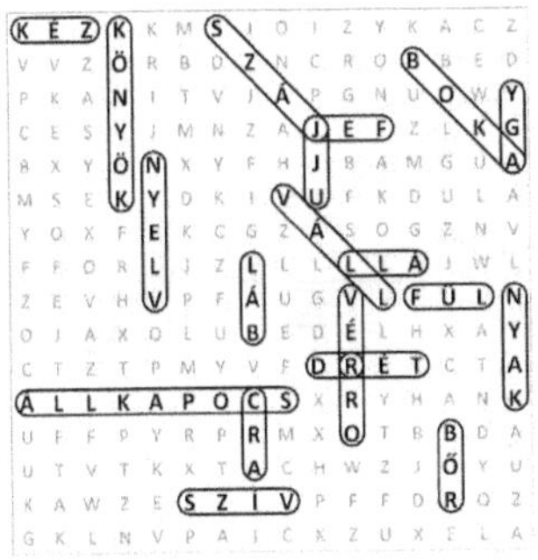

37 - Agronomie

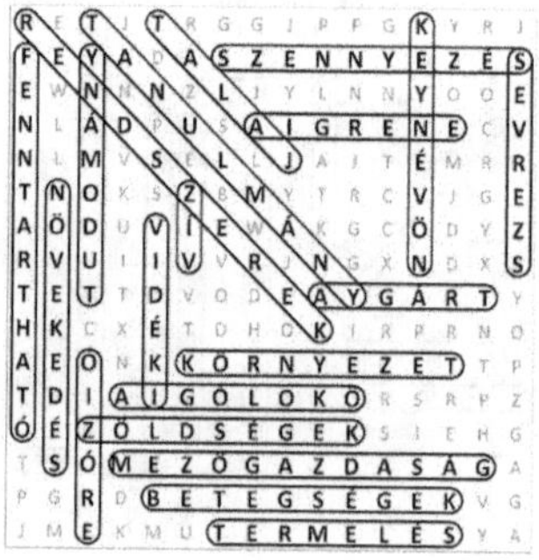

38 - Landschaften

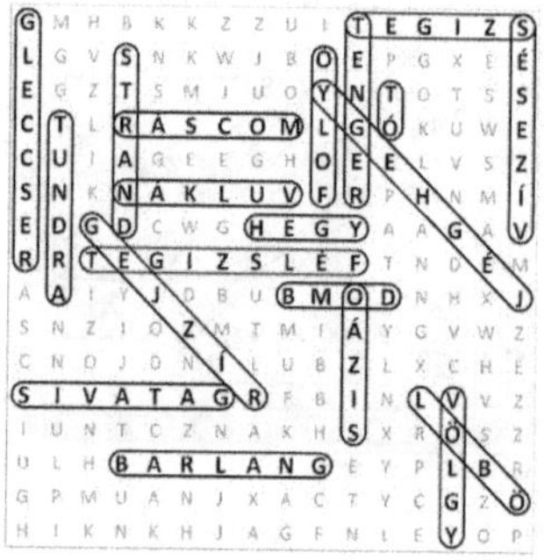

39 - Abenteuer

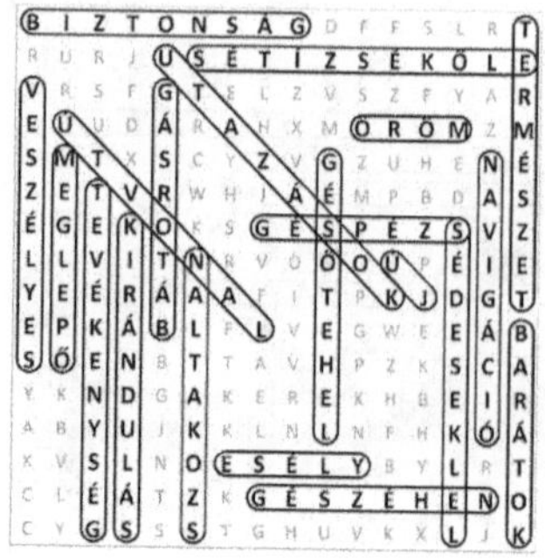

40 - Flugzeuge

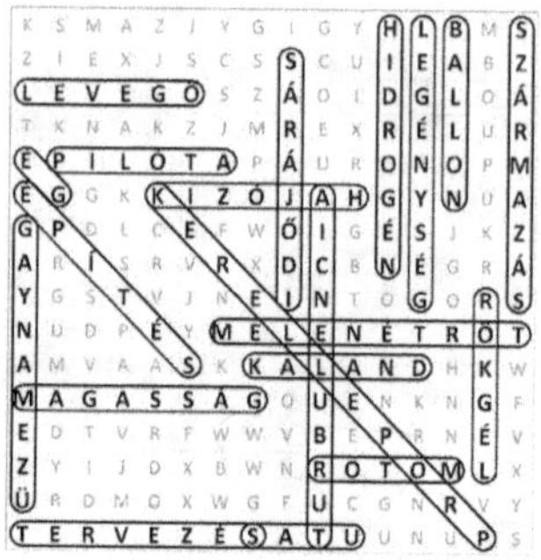

41 - Haartypen

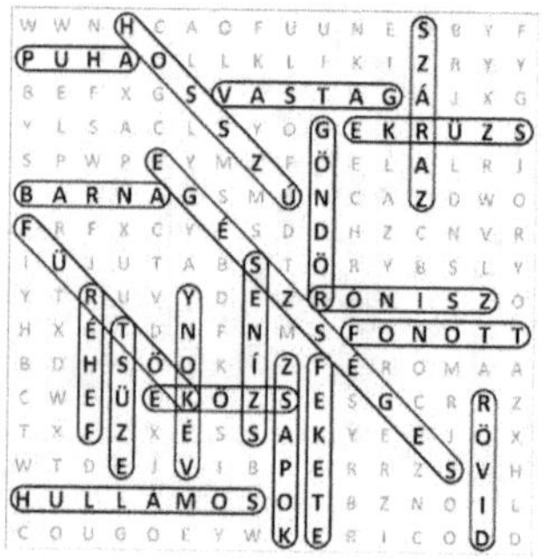

42 - Essen #1

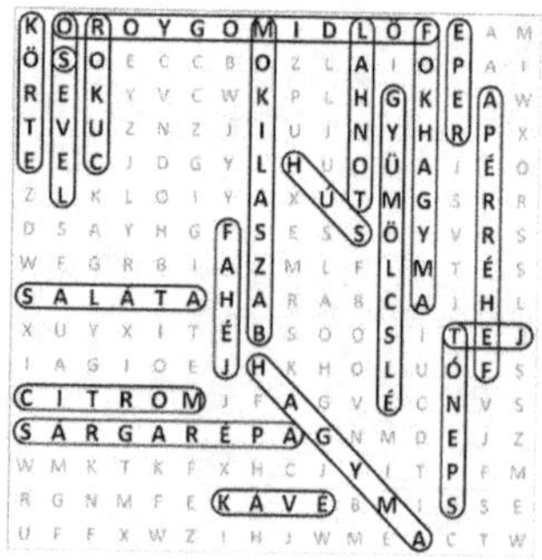

43 - Ethik

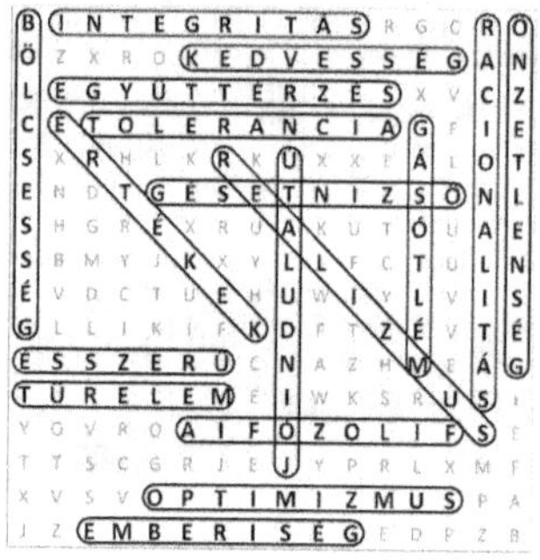

44 - Gebäude

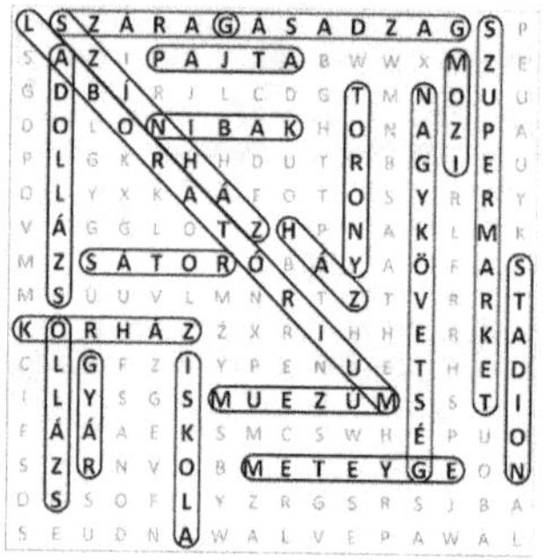

45 - Mode

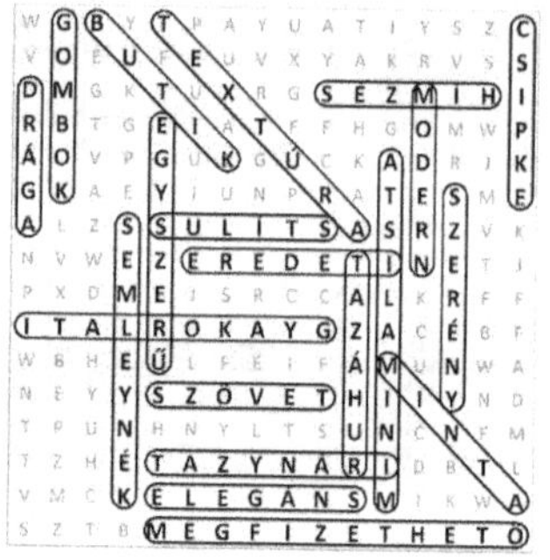

46 - Angeln

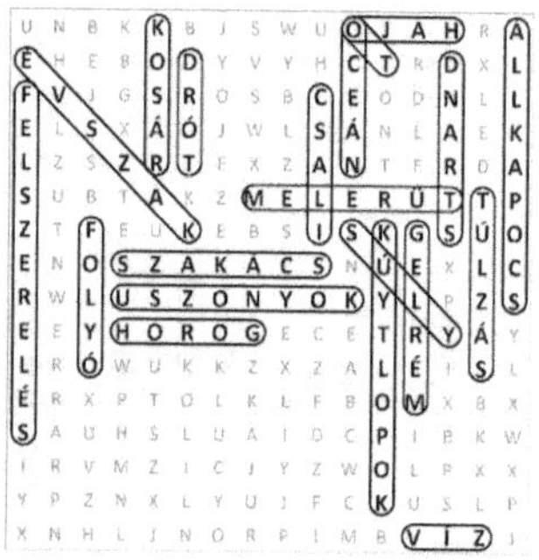

47 - Essen #2

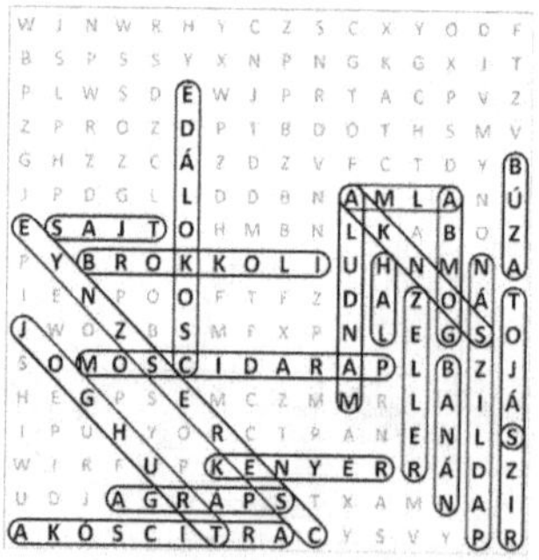

48 - Energie

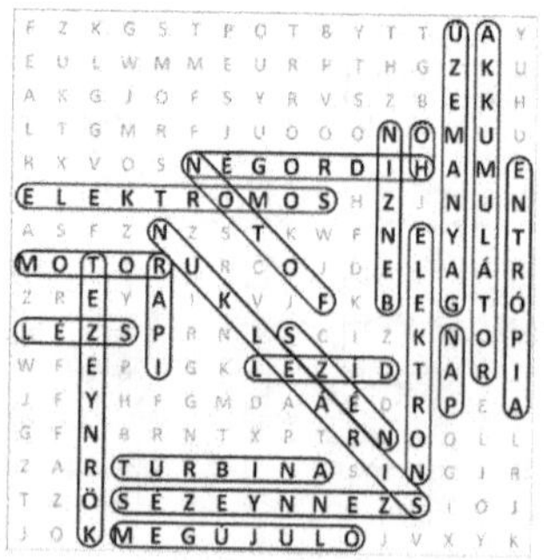

49 - Familie

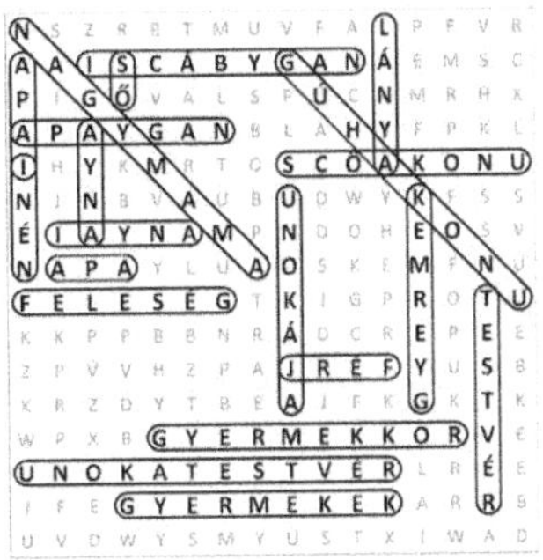

50 - Pflanzen

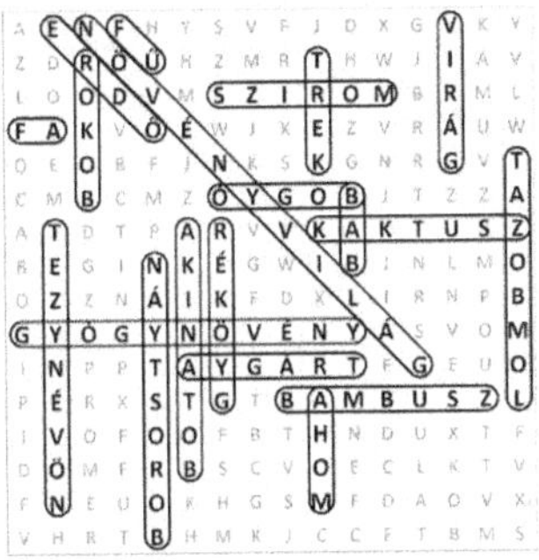

51 - Gewürze

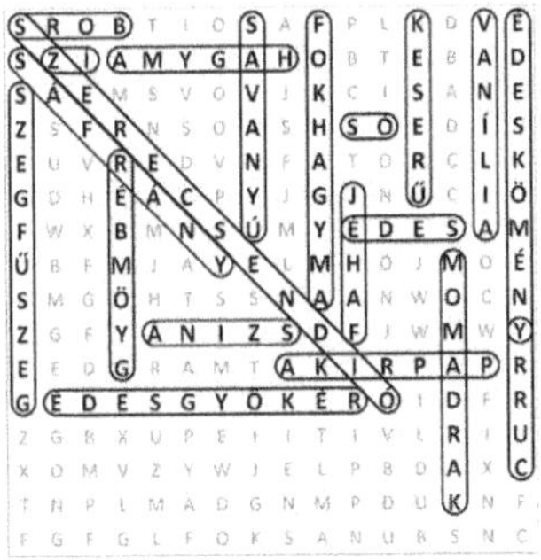

52 - Kreativität

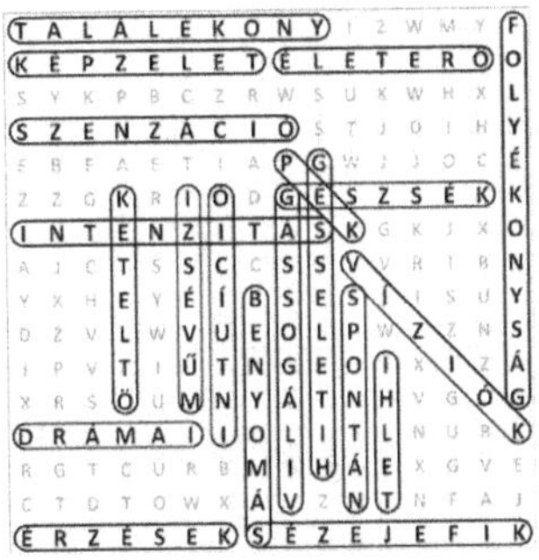

53 - Geschäft

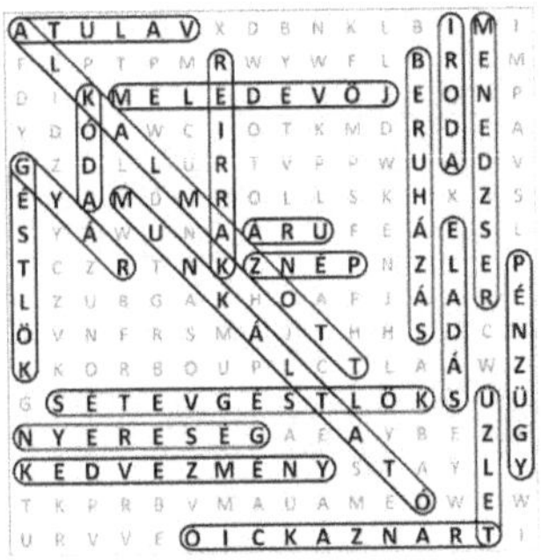

54 - Ingenieurwesen

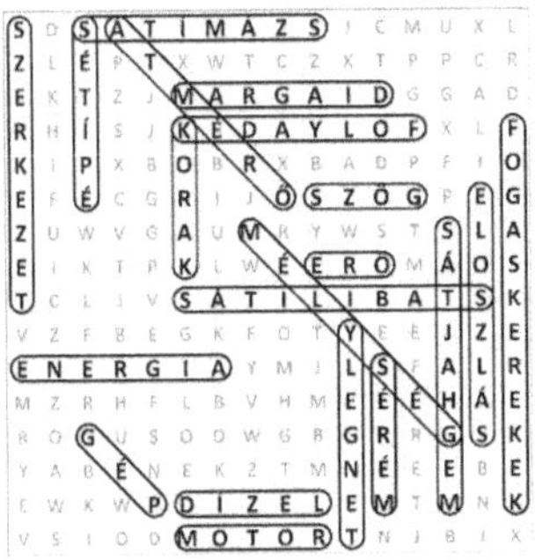

55 - Kaffee

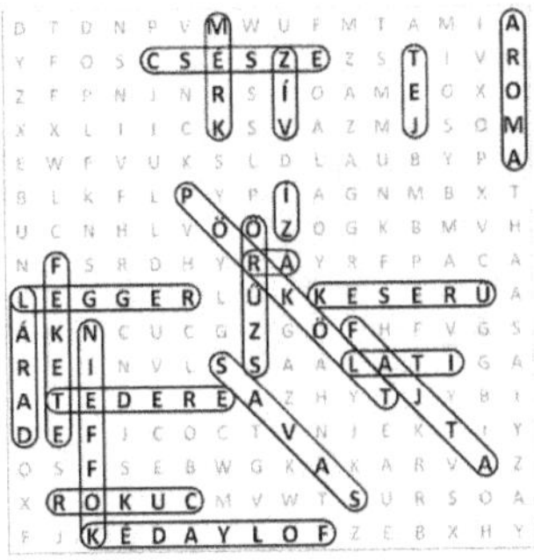

56 - Gemüse

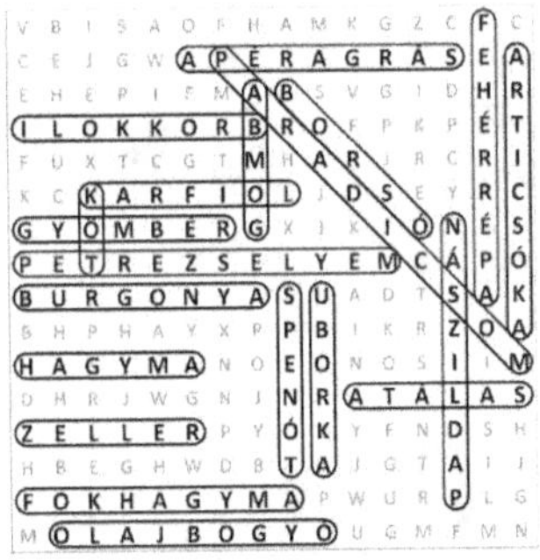

57 - Tanzen

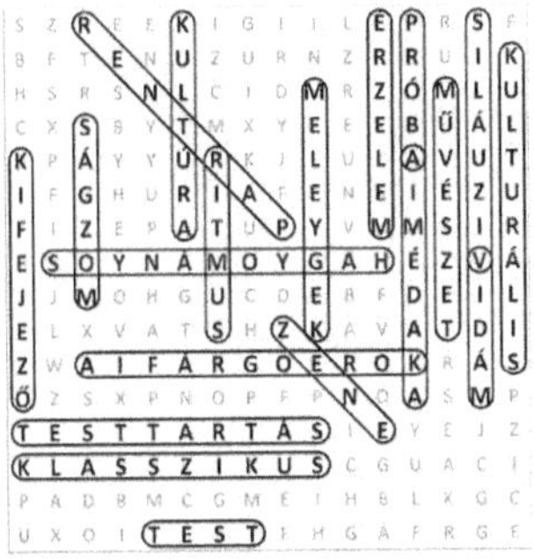

58 - Ernährung

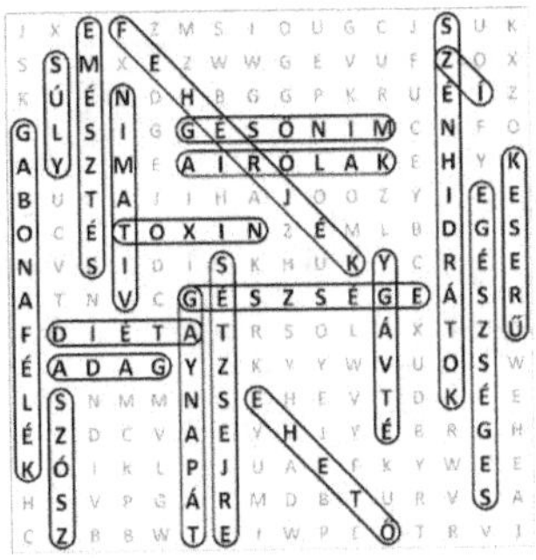

59 - Länder #1

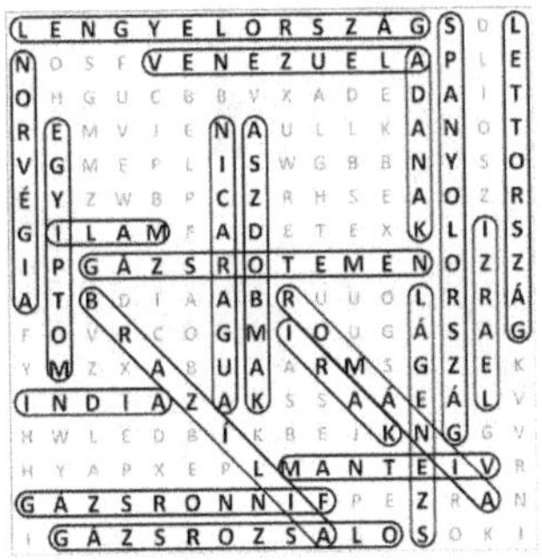

60 - Technologie

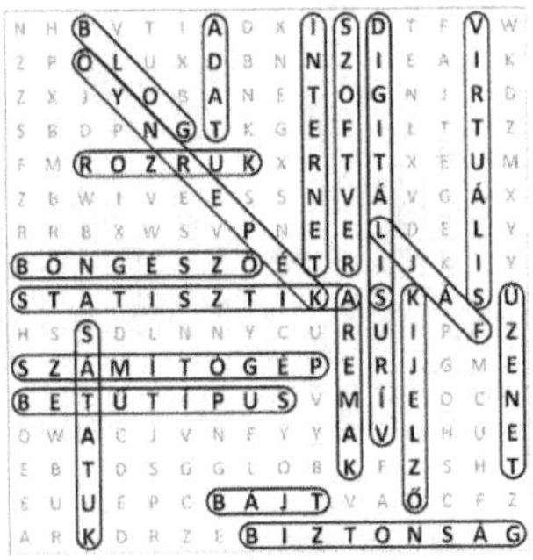

61 - Wasser

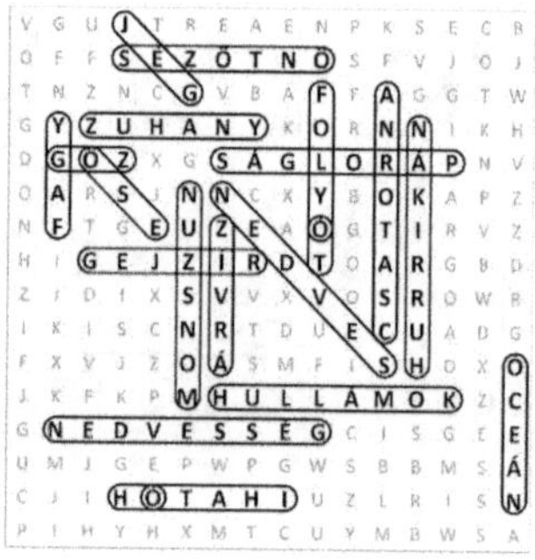

62 - Science Fiction

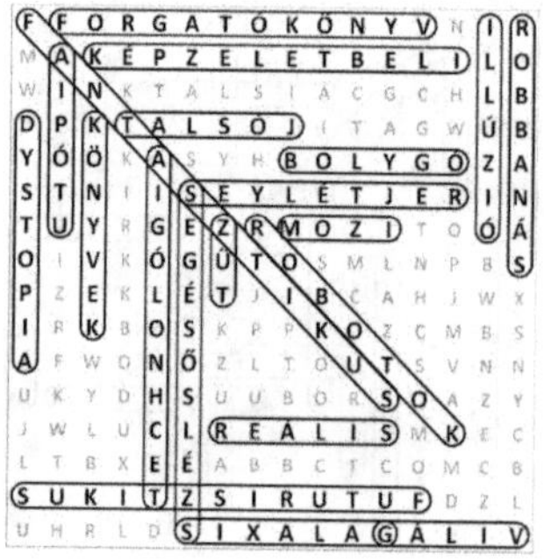

63 - Literatur

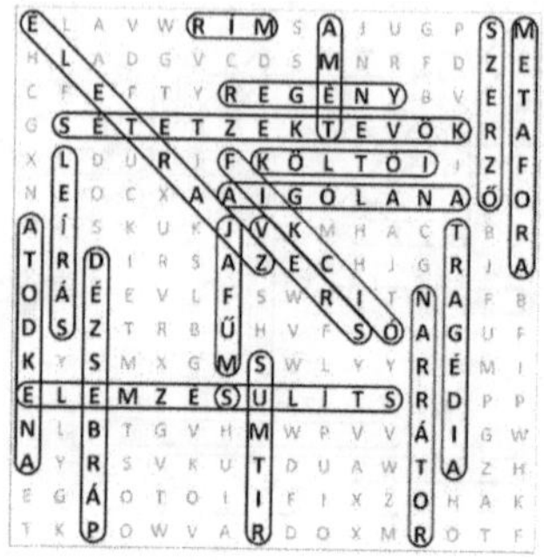

64 - Wandern

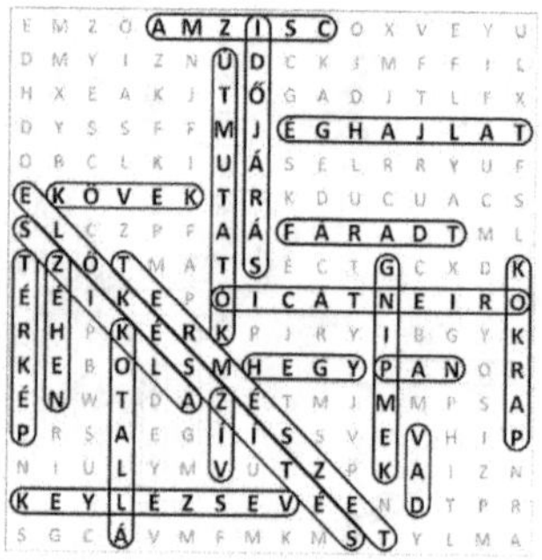

65 - Globale Erwärmung

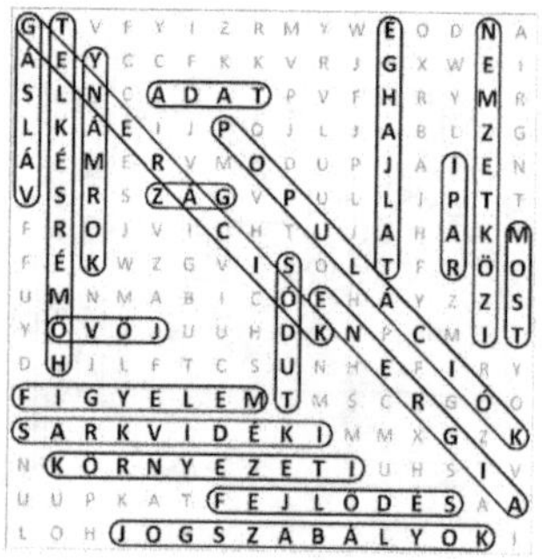

66 - Länder #2

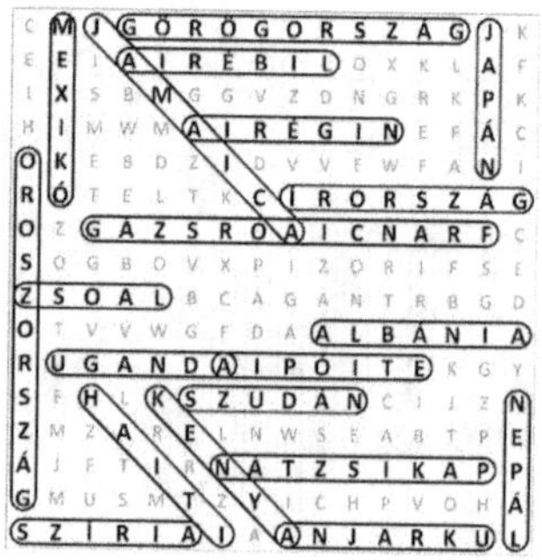

67 - Fahrzeuge

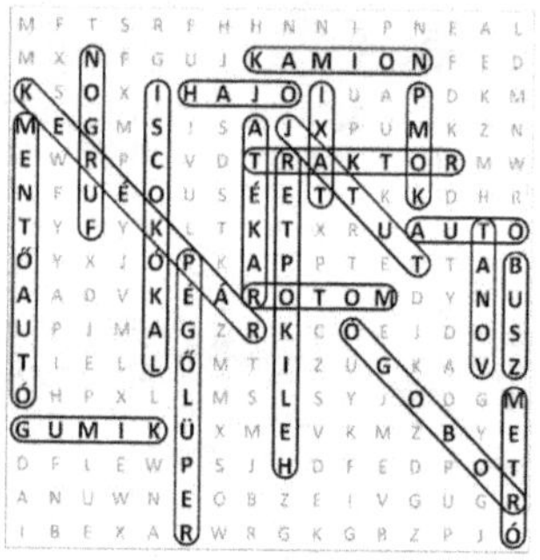

68 - Musikinstrumente

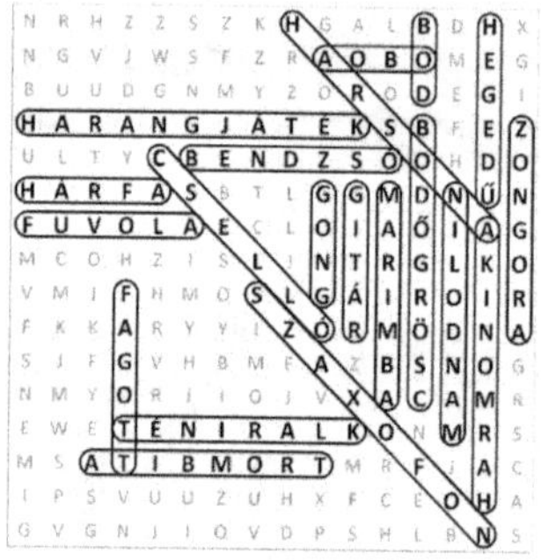

69 - Blumen

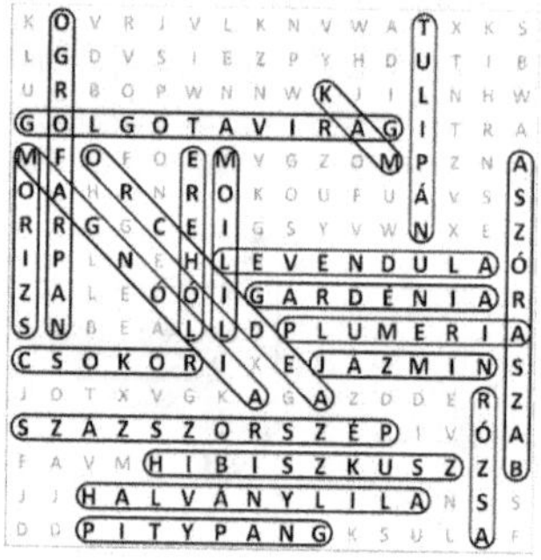

70 - Natur

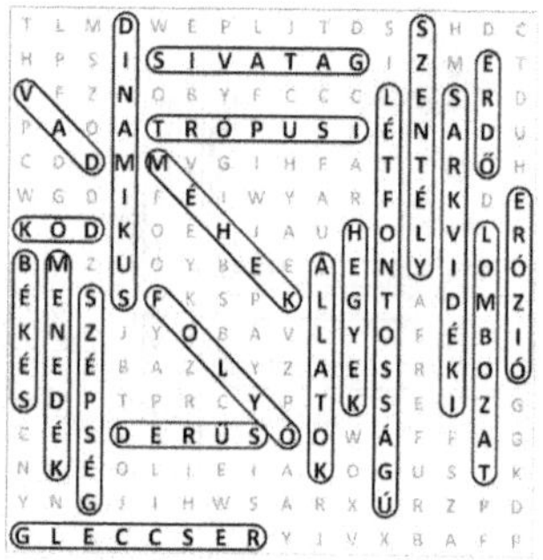

71 - Urlaub #2

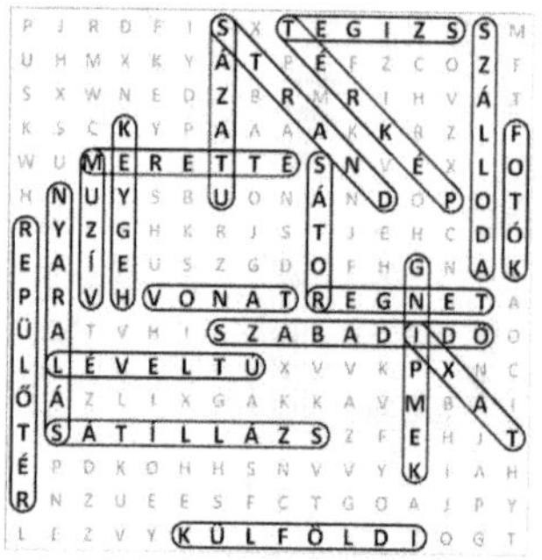

72 - Barbecues

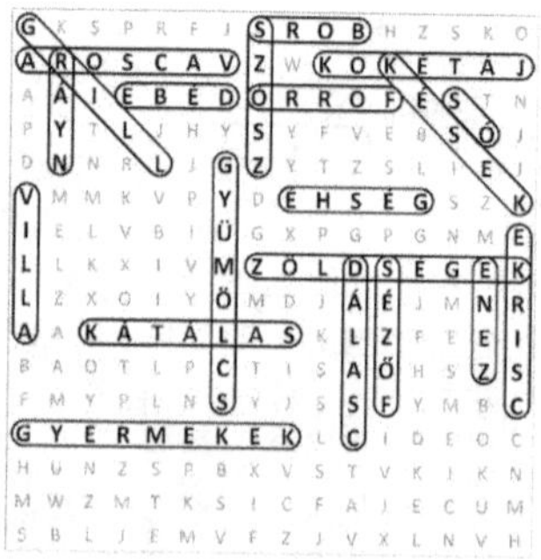

73 - Schach

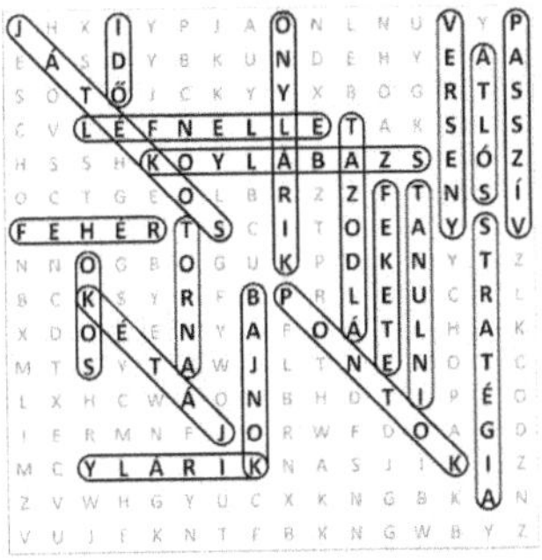

74 - Geographie

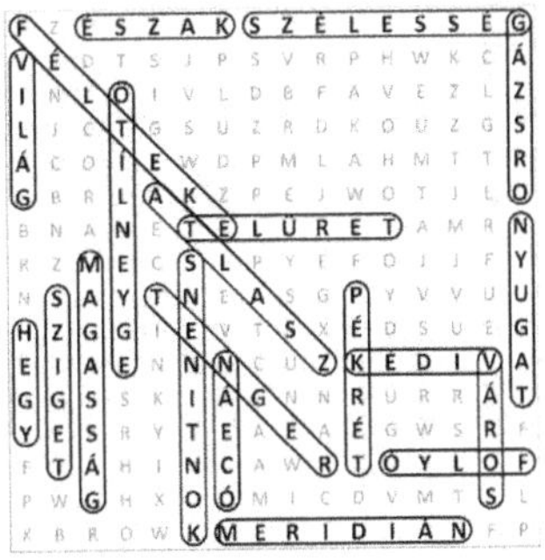

75 - Zahlen

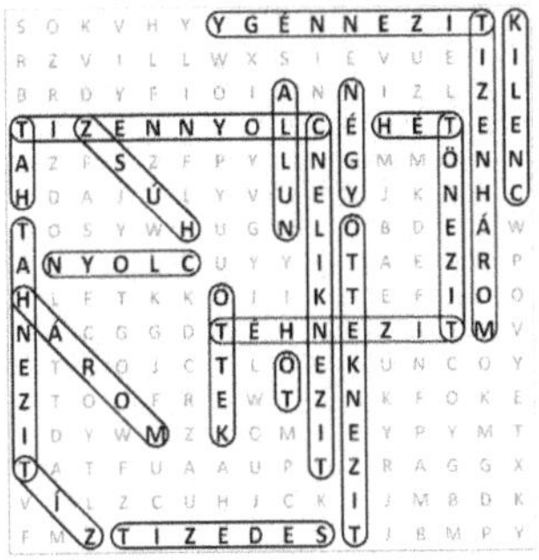

76 - Tage und Monate

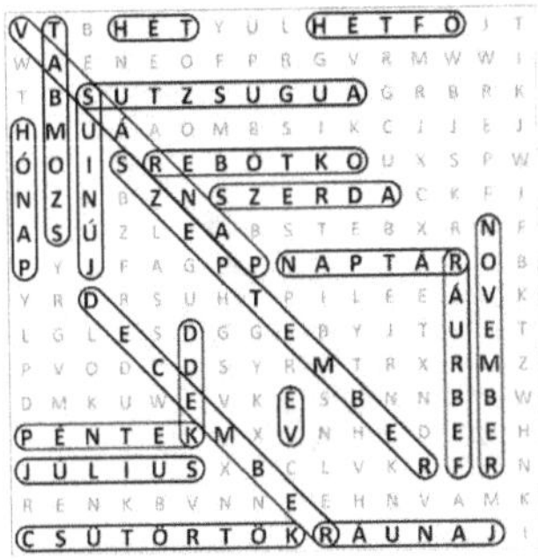

77 - Möbel

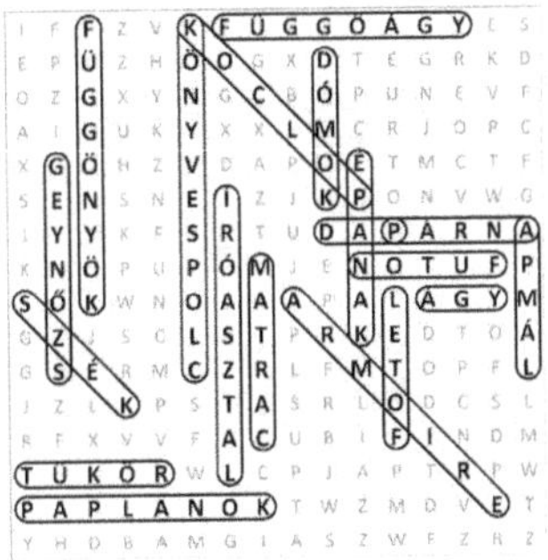

78 - Kräuterkunde

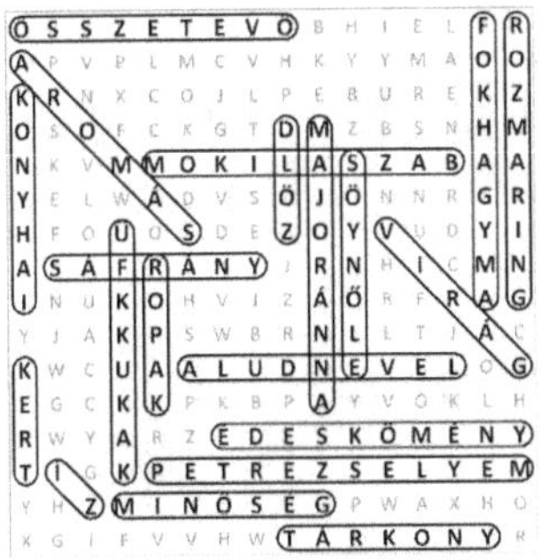

79 - Aktivitäten und Freizeit

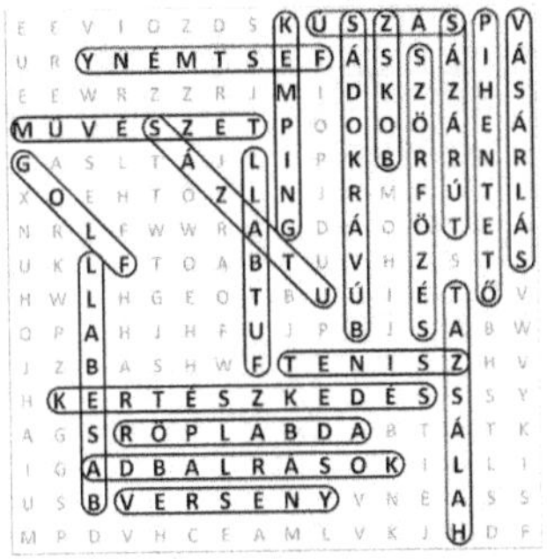

80 - Formen

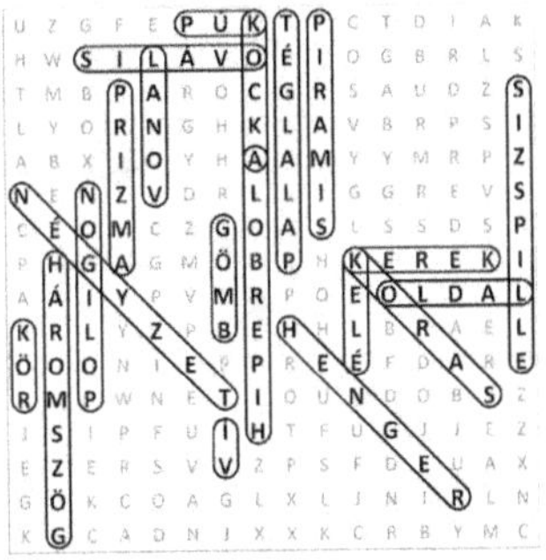

81 - Musik

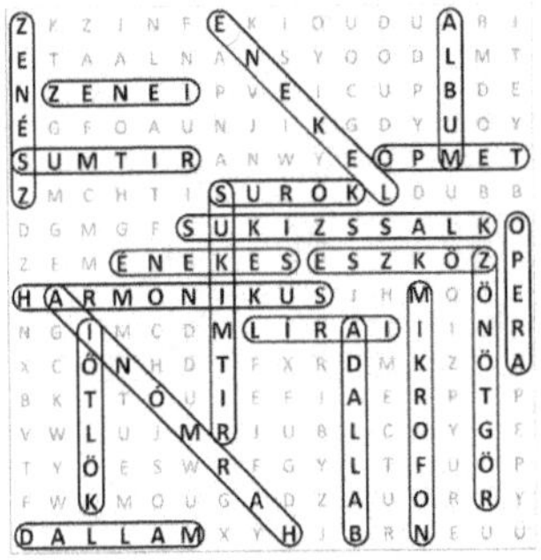

82 - Antiquitäten

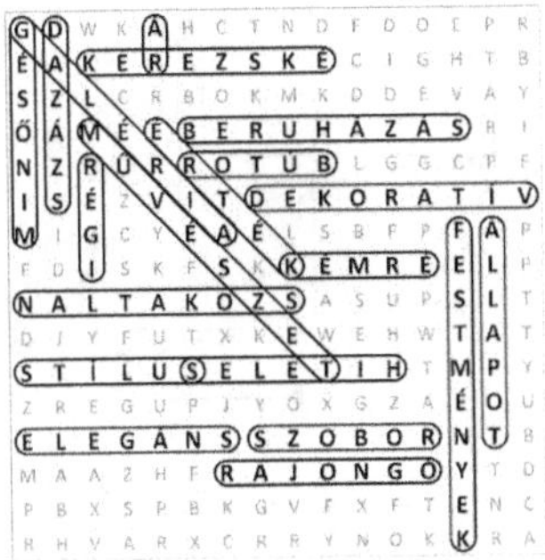

83 - Adjektive #2

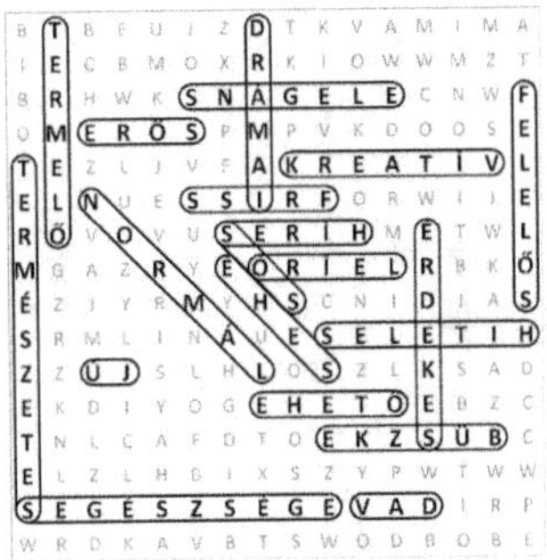

84 - Kleidung

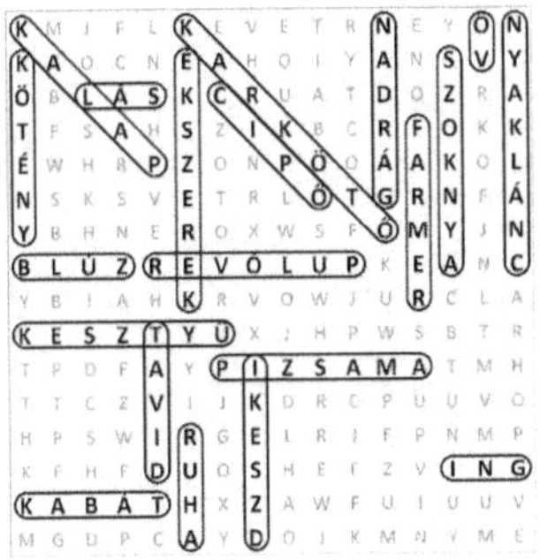

85 - Haus

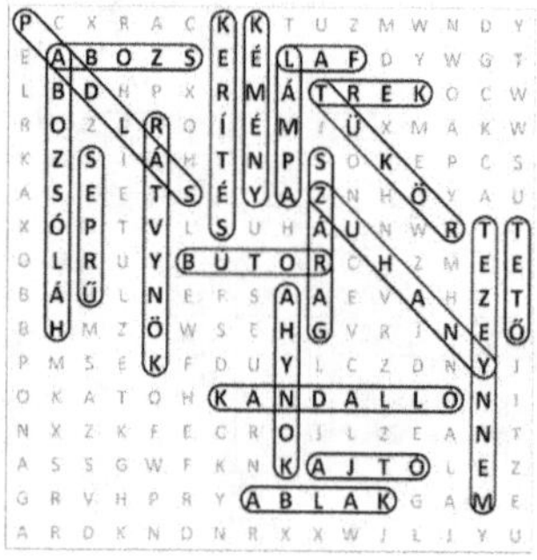

86 - Bauernhof #1

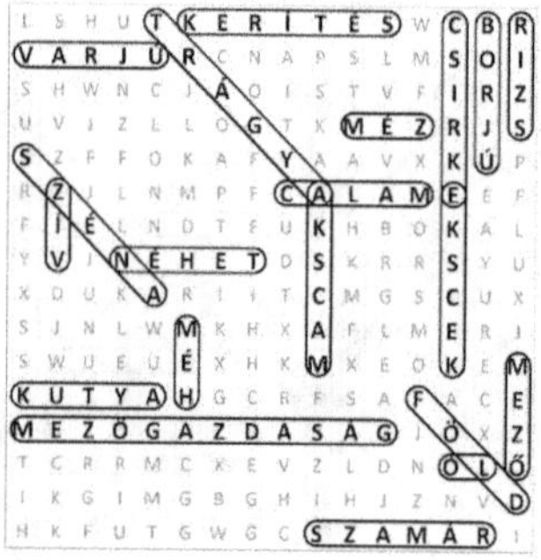

87 - Regierung

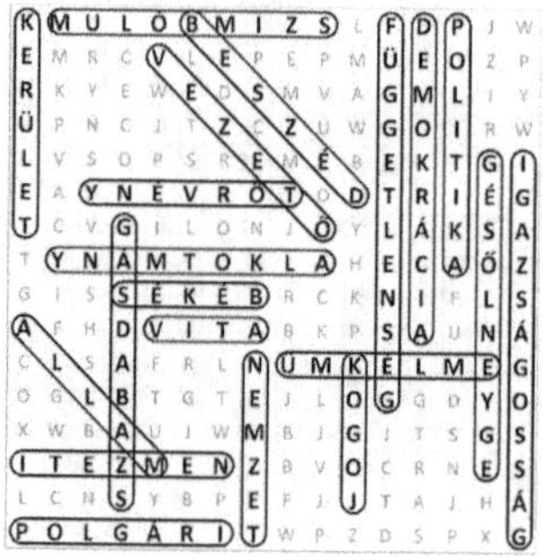

88 - Berufe #1

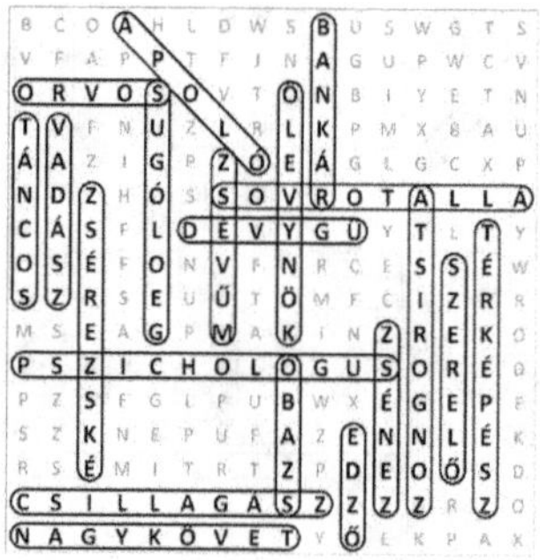

89 - Adjektive #1

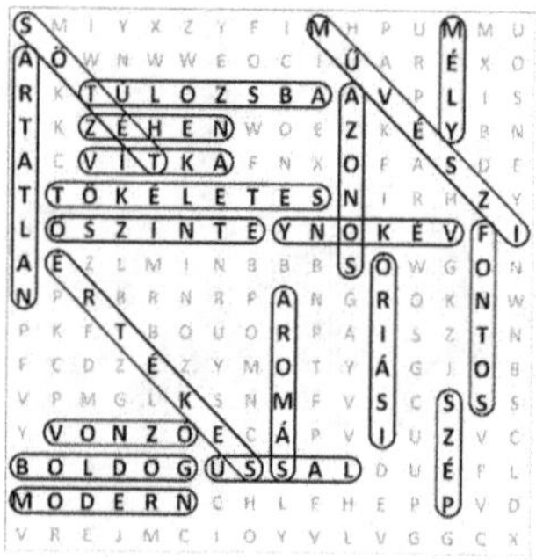

90 - Geometrie

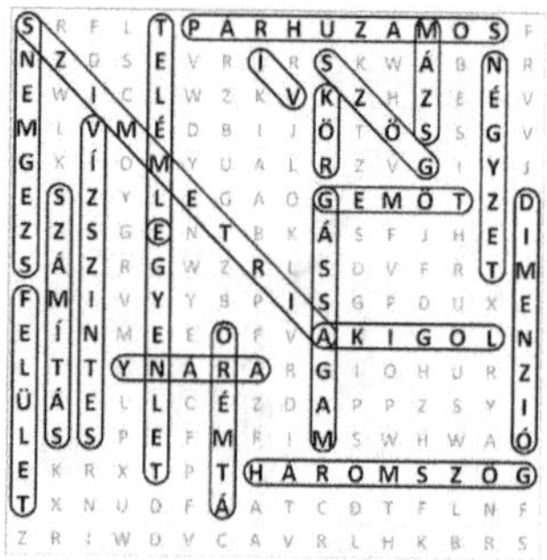

91 - Jazz

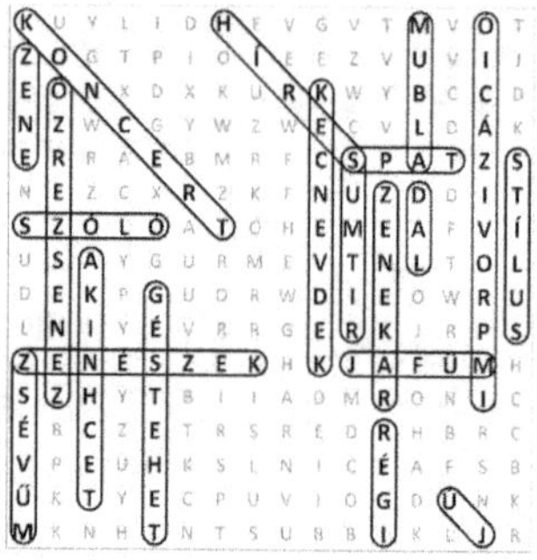

92 - Mathematik

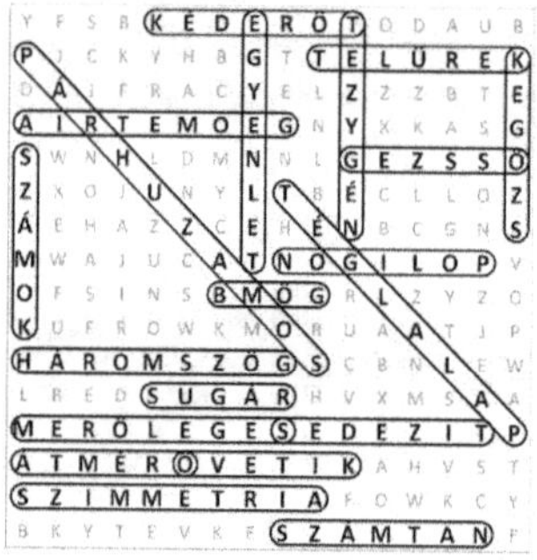

93 - Messungen

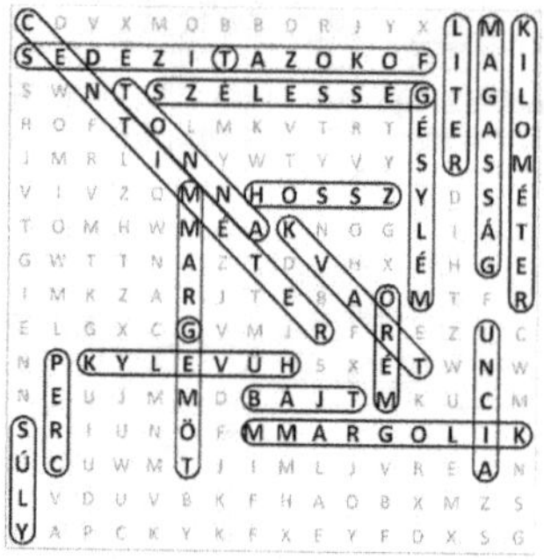

94 - Boxen

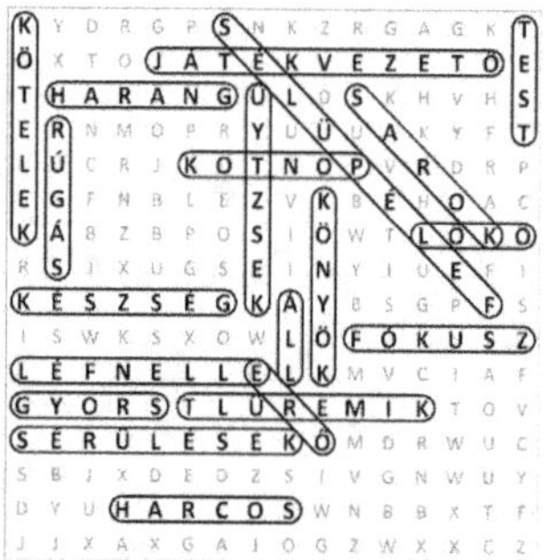

95 - Psychologie

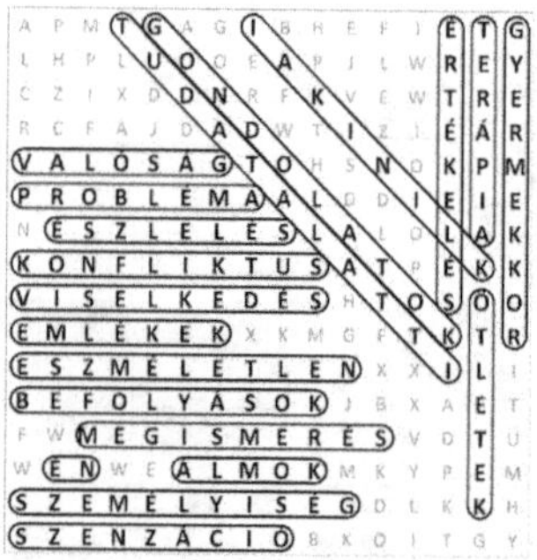

96 - Bauernhof #2

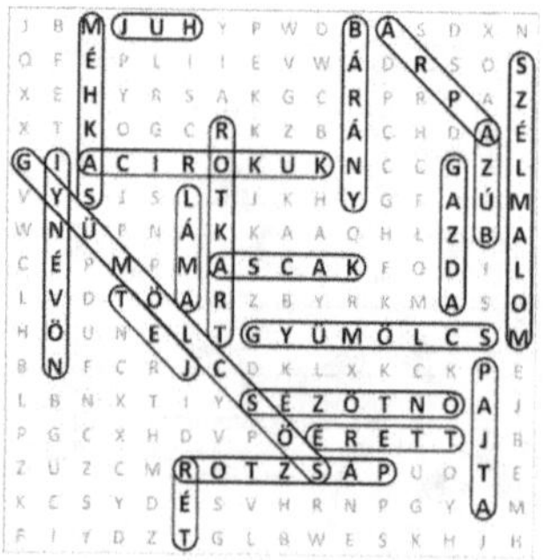

97 - Gartenarbeit

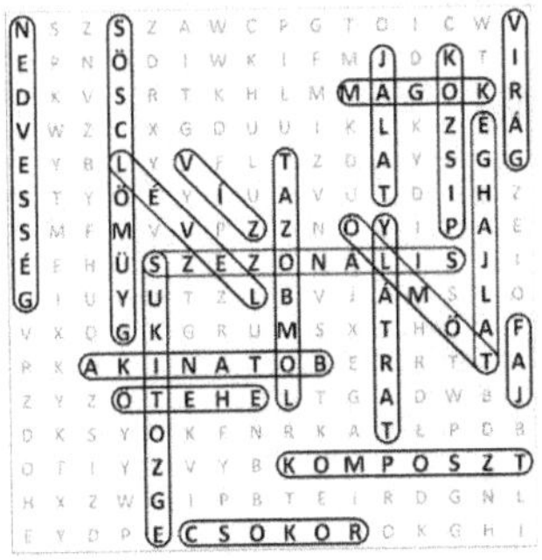

98 - Berufe #2

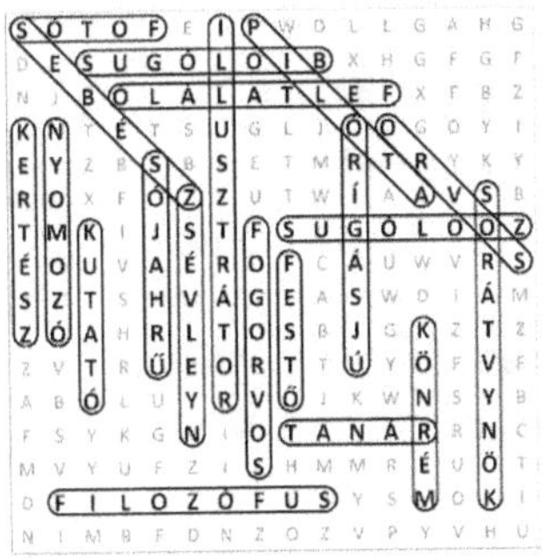

99 - Wetter

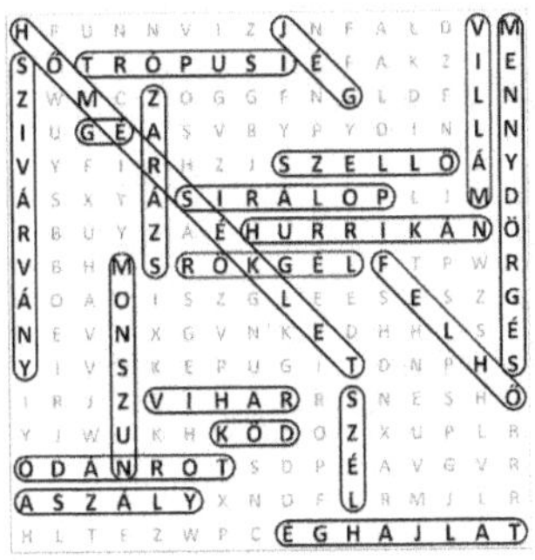

100 - Chemie

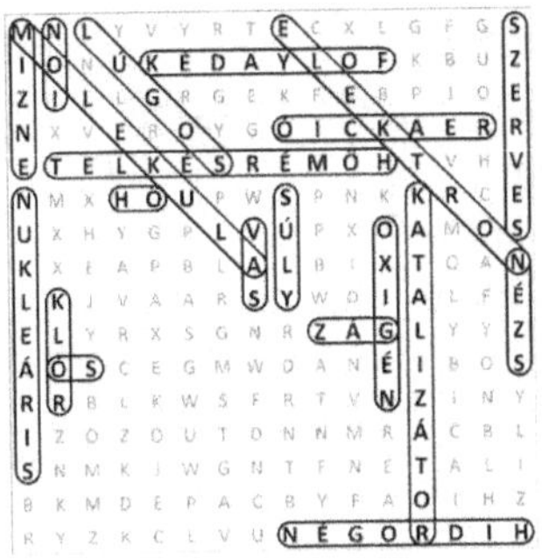

Wörterbuch

Abenteuer
Kaland

Aktivität	Tevékenység
Ausflug	Kirándulás
Begeisterung	Lelkesedés
Chance	Esély
Freude	Öröm
Freunde	Barátok
Gefährlich	Veszélyes
Gelegenheit	Lehetőség
Natur	Természet
Navigation	Navigáció
Neu	Új
Reisen	Utazások
Route	Útvonal
Schönheit	Szépség
Schwierigkeit	Nehézség
Sicherheit	Biztonság
Tapferkeit	Bátorság
Ungewöhnlich	Szokatlan
Überraschend	Meglepő
Vorbereitung	Előkészítés

Adjektive #1
Melléknevek #1

Absolut	Abszolút
Aktiv	Aktív
Aromatisch	Aromás
Attraktiv	Vonzó
Dunkel	Sötét
Dünn	Vékony
Ehrlich	Őszinte
Glücklich	Boldog
Identisch	Azonos
Künstlerisch	Művészi
Langsam	Lassú
Modern	Modern
Perfekt	Tökéletes
Riesig	Óriási
Schön	Szép
Schwer	Nehéz
Tief	Mély
Unschuldig	Ártatlan
Wertvoll	Értékes
Wichtig	Fontos

Adjektive #2
Melléknevek #2

Authentisch	Hiteles
Berühmt	Híres
Beschreibend	Leíró
Dramatisch	Drámai
Elegant	Elegáns
Essbar	Ehető
Frisch	Friss
Gesund	Egészséges
Hungrig	Éhes
Interessant	Érdekes
Kreativ	Kreatív
Natürlich	Természetes
Neu	Új
Normal	Normál
Produktiv	Termelő
Salzig	Sós
Stark	Erős
Stolz	Büszke
Verantwortlich	Felelős
Wild	Vad

Agronomie
Agronómia

Boden	Talaj
Dünger	Trágya
Energie	Energia
Erosion	Erózió
Gemüse	Zöldségek
Krankheit	Betegségek
Landwirtschaft	Mezőgazdaság
Ländlich	Vidéki
Nachhaltig	Fenntartható
Organisch	Szerves
Ökologie	Ökológia
Pflanzen	Növények
Produktion	Termelés
Studie	Tanulmány
Systeme	Rendszerek
Umwelt	Környezet
Verschmutzung	Szennyezés
Wachstum	Növekedés
Wasser	Víz
Wissenschaft	Tudomány

Aktivitäten
Tevékenységek

Aktivität	Tevékenység
Angeln	Halászat
Camping	Kemping
Entspannung	Kikapcsolódás
Fotografie	Fényképezés
Freizeit	Szabadidő
Gartenarbeit	Kertészkedés
Gemälde	Festmény
Jagd	Vadászat
Keramik	Kerámia
Kunst	Művészet
Kunsthandwerk	Kézművesség
Lesen	Olvasás
Magie	Mágia
Nähen	Varrás
Spiele	Játékok
Stricken	Kötés
Tanzen	Tánc
Vergnügen	Öröm
Wandern	Túrázás

Aktivitäten und Freizeit
Tevékenységek és Szabadi

Angeln	Halászat
Baseball	Baseball
Basketball	Kosárlabda
Boxen	Boksz
Camping	Kemping
Einkaufen	Vásárlás
Entspannend	Pihentető
Fussball	Futball
Gartenarbeit	Kertészkedés
Gemälde	Festmény
Golf	Golf
Kunst	Művészet
Reise	Utazás
Rennen	Verseny
Schwimmen	Úszás
Surfen	Szörfözés
Tauchen	Búvárkodás
Tennis	Tenisz
Volleyball	Röplabda
Wandern	Túrázás

Algebra
Algebra

Bruchteil	Töredék
Diagramm	Diagram
Exponent	Kitevő
Faktor	Tényező
Falsch	Hamis
Formel	Képlet
Gleichung	Egyenlet
Linear	Lineáris
Lösen	Megfejt
Lösung	Megoldás
Matrix	Mátrix
Menge	Mennyiség
Null	Nulla
Nummer	Szám
Problem	Probléma
Subtraktion	Kivonás
Summe	Összeg
Unendlich	Végtelen
Variable	Változó
Vereinfachen	Egyszerűsítés

Angeln
Halászat

Ausrüstung	Felszerelés
Boot	Hajó
Draht	Drót
Flossen	Uszonyok
Fluss	Folyó
Geduld	Türelem
Gewicht	Súly
Haken	Horog
Jahreszeit	Évszak
Kiefer	Állkapocs
Kiemen	Kopoltyúk
Kochen	Szakács
Korb	Kosár
Köder	Csali
Ozean	Óceán
See	Tó
Strand	Strand
Übertreibung	Túlzás
Waage	Mérleg
Wasser	Víz

Antarktis
Antarktisz

Bucht	Öböl
Eis	Jég
Erhaltung	Megőrzés
Expedition	Expedíció
Felsig	Sziklás
Forscher	Kutató
Geographie	Földrajz
Gletscher	Gleccserek
Halbinsel	Félsziget
Inseln	Szigetek
Kontinent	Kontinens
Migration	Migráció
Pinguine	Pingvinek
Temperatur	Hőmérséklet
Topographie	Topográfia
Umwelt	Környezet
Vögel	Madarak
Wasser	Víz
Wetter	Időjárás
Wissenschaftlich	Tudományos

Antiquitäten
Régiségek

Alt	Régi
Authentisch	Hiteles
Dekorativ	Dekoratív
Elegant	Elegáns
Enthusiast	Rajongó
Galerie	Galéria
Gemälde	Festmények
Investition	Beruházás
Jahrhundert	Század
Kunst	Művészet
Möbel	Bútor
Münzen	Érmék
Preis	Ár
Qualität	Minőség
Schmuck	Ékszerek
Skulptur	Szobor
Stil	Stílus
Ungewöhnlich	Szokatlan
Wert	Érték
Zustand	Állapot

Archäologie
Régészet

Analyse	Elemzés
Antiquität	Ókor
Auswertung	Értékelés
Ära	Korszak
Experte	Szakértő
Forscher	Kutató
Fossil	Fosszilis
Geheimnis	Rejtély
Grab	Sír
Knochen	Csontok
Mannschaft	Csapat
Nachkomme	Leszármazott
Objekte	Objektumok
Professor	Professzor
Relikt	Ereklye
Tempel	Templom
Unbekannt	Ismeretlen
Uralt	Ősi
Vergessen	Elfelejtett
Zivilisation	Civilizáció

Astronomie
Csillagászat

Asteroid	Aszteroida
Astronaut	Űrhajós
Astronom	Csillagász
Erde	Föld
Himmel	Ég
Komet	Üstökös
Konstellation	Csillagkép
Kosmos	Kozmosz
Meteor	Meteor
Mond	Hold
Nebel	Ködfolt
Planet	Bolygó
Rakete	Rakéta
Satellit	Műhold
Sonne	Nap
Stern	Csillag
Supernova	Szupernóva
Teleskop	Távcső
Tierkreis	Állatöv
Universum	Univerzum

Ballett
Balett

Anmutig	Kecses
Applaus	Taps
Ausdrucksvoll	Kifejező
Ballerina	Balerina
Choreographie	Koreográfia
Fähigkeit	Készség
Geste	Gesztus
Intensität	Intenzitás
Komponist	Zeneszerző
Künstlerisch	Művészi
Musik	Zene
Muskel	Izmok
Orchester	Zenekar
Probe	Próba
Publikum	Közönség
Rhythmus	Ritmus
Solo	Szóló
Stil	Stílus
Tänzer	Táncosok
Technik	Technika

Barbecues
Grillezés

Abendessen	Vacsora
Familie	Család
Frucht	Gyümölcs
Gabeln	Villa
Gemüse	Zöldségek
Grill	Grill
Heiss	Forró
Huhn	Csirke
Hunger	Éhség
Kinder	Gyermekek
Kochen	Főzés
Messer	Kések
Mittagessen	Ebéd
Musik	Zene
Pfeffer	Bors
Salate	Saláták
Salz	Só
Sommer	Nyár
Sosse	Szósz
Spiele	Játékok

Bauernhof #1
Gazdaság #1

Biene	Méh
Dünger	Trágya
Esel	Szamár
Feld	Mező
Heu	Széna
Honig	Méz
Huhn	Csirke
Hund	Kutya
Kalb	Borjú
Katze	Macska
Krähe	Varjú
Kuh	Tehén
Land	Föld
Landwirtschaft	Mezőgazdaság
Pferd	Ló
Reis	Rizs
Schwein	Malac
Wasser	Víz
Zaun	Kerítés
Ziege	Kecske

Bauernhof #2
2. Gazdaság

Bauer	Gazda
Bewässerung	Öntözés
Bienenstock	Méhkas
Ente	Kacsa
Frucht	Gyümölcs
Gemüse	Növényi
Gerste	Árpa
Lama	Láma
Lamm	Bárány
Mais	Kukorica
Milch	Tej
Obstgarten	Gyümölcsös
Reif	Érett
Schaf	Juh
Schäfer	Pásztor
Scheune	Pajta
Traktor	Traktor
Weizen	Búza
Wiese	Rét
Windmühle	Szélmalom

Berufe #1
Foglalkozások #1

Arzt	Orvos
Astronom	Csillagász
Bankier	Bankár
Botschafter	Nagykövet
Buchhalter	Könyvelő
Geologe	Geológus
Jäger	Vadász
Juwelier	Ékszerész
Kartograph	Térképész
Krankenschwest er	Ápoló
Künstler	Művész
Mechaniker	Szerelő
Musiker	Zenész
Pianist	Zongorista
Psychologe	Pszichológus
Rechtsanwalt	Ügyvéd
Schneider	Szabó
Tänzer	Táncos
Tierarzt	Állatorvos
Trainer	Edző

Berufe #2
Foglalkozások #2

Arzt	Orvos
Astronaut	Űrhajós
Bibliothekar	Könyvtáros
Biologe	Biológus
Chirurg	Sebész
Detektiv	Nyomozó
Erfinder	Feltaláló
Forscher	Kutató
Fotograf	Fotós
Gärtner	Kertész
Illustrator	Illusztrátor
Ingenieur	Mérnök
Journalist	Újságíró
Lehrer	Tanár
Linguist	Nyelvész
Maler	Festő
Philosoph	Filozófus
Pilot	Pilóta
Zahnarzt	Fogorvos
Zoologe	Zoológus

Bienen
Méhek

Bestäuber	Beporzó
Bienenkorb	Kaptár
Blumen	Virágok
Blüte	Virág
Flügel	Szárnyak
Frucht	Gyümölcs
Garten	Kert
Honig	Méz
Insekt	Rovar
Königin	Királynő
Lebensraum	Élőhely
Ökosystem	Ökoszisztéma
Pflanzen	Növények
Pollen	Pollen
Rauch	Füst
Schwarm	Raj
Sonne	Nap
Vielfalt	Sokféleség
Vorteilhaft	Előnyös
Wachs	Viasz

Bildende Kunst
Vizuális Művészetek

Architektur	Építészet
Bleistift	Ceruza
Film	Film
Foto	Fénykép
Gemälde	Festmény
Holzkohle	Faszén
Keramik	Kerámia
Kreativität	Kreativitás
Kreide	Kréta
Künstler	Művész
Lack	Lakk
Meisterwerk	Mestermű
Perspektive	Perspektíva
Porträt	Portré
Schablone	Stencil
Skulptur	Szobor
Staffelei	Festőállvány
Stift	Toll
Ton	Agyag
Wachs	Viasz

Biologie
Biológia

Anatomie	Anatómia
Chromosom	Kromoszóma
Embryo	Embrió
Enzym	Enzim
Evolution	Evolúció
Hormon	Hormon
Kollagen	Kollagén
Mutation	Mutáció
Natürlich	Természetes
Nerv	Ideg
Neuron	Neuron
Osmose	Ozmózis
Pflanzen	Növények
Photosynthese	Fotoszintézis
Protein	Fehérje
Reptil	Hüllő
Säugetier	Emlős
Symbiose	Szimbiózis
Synapse	Szinapszis
Zelle	Sejt

Blumen
Virágok

Blütenblatt	Szirom
Gardenie	Gardénia
Gänseblümchen	Százszorszép
Hibiskus	Hibiszkusz
Jasmin	Jázmin
Klee	Lóhere
Lavendel	Levendula
Lila	Halványlila
Lilie	Liliom
Löwenzahn	Pitypang
Magnolie	Magnólia
Mohn	Mák
Orchidee	Orchidea
Passionsblume	Golgotavirág
Pfingstrose	Bazsarózsa
Plumeria	Plumeria
Rose	Rózsa
Sonnenblume	Napraforgó
Strauss	Csokor
Tulpe	Tulipán

Boote
Csónakok

Anker	Horgony
Boje	Bója
Crew	Legénység
Dock	Dokk
Fähre	Komp
Floss	Tutaj
Fluss	Folyó
Kajak	Kajak
Kanu	Kenu
Mast	Árboc
Meer	Tenger
Motor	Motor
Nautisch	Tengeri
Ozean	Óceán
Rettungsboot	Mentőcsónak
See	Tó
Segelboot	Vitorlás
Seil	Kötél
Wellen	Hullámok
Yacht	Jacht

Boxen
Boksz

Ecke	Sarok
Ellbogen	Könyök
Erschöpft	Kimerült
Faust	Ököl
Fähigkeit	Készség
Fokus	Fókusz
Gegner	Ellenfél
Glocke	Harang
Handschuhe	Kesztyű
Kämpfer	Harcos
Kick	Rúgás
Kinn	Áll
Körper	Test
Punkte	Pontok
Recovery	Felépülés
Schiedsrichter	Játékvezető
Schnell	Gyors
Seile	Kötelek
Stärke	Erő
Verletzungen	Sérülések

Bücher
Könyvek

Abenteuer	Kaland
Autor	Szerző
Dualität	Kettősség
Episch	Epikus
Erfinderisch	Találékony
Erzähler	Narrátor
Gedicht	Vers
Geschichte	Történet
Geschrieben	Írott
Historisch	Történelmi
Humorvoll	Tréfás
Kollektion	Gyűjtemény
Kontext	Kontextus
Leser	Olvasó
Literarisch	Irodalmi
Poesie	Költészet
Roman	Regény
Seite	Oldal
Serie	Sorozat
Tragisch	Tragikus

Camping
Kemping

Abenteuer	Kaland
Berg	Hegy
Feuer	Tűz
Hängematte	Függőágy
Hut	Kalap
Insekt	Rovar
Jagd	Vadászat
Kabine	Kabin
Kanu	Kenu
Karte	Térkép
Kompass	Iránytű
Laterne	Lámpa
Mond	Hold
Natur	Természet
See	Tó
Seil	Kötél
Spass	Móka
Tiere	Állatok
Wald	Erdő
Zelt	Sátor

Chemie
Kémia

Alkalisch	Lúgos
Chlor	Klór
Elektron	Elektron
Enzym	Enzim
Flüssigkeit	Folyadék
Gas	Gáz
Gewicht	Súly
Hitze	Hő
Ion	Ion
Katalysator	Katalizátor
Kohlenstoff	Szén
Molekül	Molekula
Nuklear	Nukleáris
Organisch	Szerves
Reaktion	Reakció
Salz	Só
Sauerstoff	Oxigén
Säure	Sav
Temperatur	Hőmérséklet
Wasserstoff	Hidrogén

Diplomatie
Diplomácia

Ausländisch	Külföldi
Berater	Tanácsadó
Botschaft	Nagykövetség
Botschafter	Nagykövet
Bürger	Polgárok
Diplomatisch	Diplomáciai
Diskussion	Vita
Ethik	Etika
Gemeinschaft	Közösség
Gerechtigkeit	Igazságosság
Humanitär	Humanitárius
Integrität	Integritás
Konflikt	Konfliktus
Lösung	Megoldás
Politik	Politika
Regierung	Kormány
Sicherheit	Biztonság
Sprachen	Nyelvek
Vertrag	Szerződés
Zusammenarbeit	Együttműködés

Energie
Energia

Batterie	Akkumulátor
Benzin	Benzin
Brennstoff	Üzemanyag
Diesel	Dízel
Elektrisch	Elektromos
Elektron	Elektron
Entropie	Entrópia
Erneuerbar	Megújuló
Hitze	Hő
Industrie	Ipar
Kohlenstoff	Szén
Motor	Motor
Nuklear	Nukleáris
Photon	Foton
Sonne	Nap
Turbine	Turbina
Umwelt	Környezet
Verschmutzung	Szennyezés
Wasserstoff	Hidrogén
Wind	Szél

Ernährung
Teljesítmény

Appetit	Étvágy
Bitter	Keserű
Diät	Diéta
Essbar	Ehető
Fermentation	Erjesztés
Geschmack	Íz
Gesund	Egészséges
Gesundheit	Egészség
Getreide	Gabonafélék
Gewicht	Súly
Kalorien	Kalória
Kohlenhydrate	Szénhidrátok
Nährstoff	Tápanyag
Portion	Adag
Proteine	Fehérjék
Qualität	Minőség
Sosse	Szósz
Toxin	Toxin
Verdauung	Emésztés
Vitamin	Vitamin

Essen #1
Élelmiszer #1

Basilikum	Bazsalikom
Birne	Körte
Erdbeere	Eper
Erdnuss	Földimogyoró
Fleisch	Hús
Kaffee	Kávé
Karotte	Sárgarépa
Knoblauch	Fokhagyma
Milch	Tej
Rübe	Fehérrépa
Saft	Gyümölcslé
Salat	Saláta
Salz	Só
Spinat	Spenót
Suppe	Leves
Thunfisch	Tonhal
Zimt	Fahéj
Zitrone	Citrom
Zucker	Cukor
Zwiebel	Hagyma

Essen #2
Élelmiszer # 2

Apfel	Alma
Artischocke	Articsóka
Aubergine	Padlizsán
Banane	Banán
Brokkoli	Brokkoli
Brot	Kenyér
Ei	Tojás
Fisch	Hal
Joghurt	Joghurt
Käse	Sajt
Kirsche	Cseresznye
Mandel	Mandula
Pilz	Gomba
Reis	Rizs
Schinken	Sonka
Schokolade	Csokoládé
Sellerie	Zeller
Spargel	Spárga
Tomate	Paradicsom
Weizen	Búza

Ethik
Etika

Altruismus	Önzetlenség
Diplomatisch	Diplomáciai
Ehrlichkeit	Őszinteség
Freundlichkeit	Kedvesség
Geduld	Türelem
Integrität	Integritás
Menschheit	Emberiség
Mitgefühl	Együttérzés
Optimismus	Optimizmus
Philosophie	Filozófia
Rationalität	Racionalitás
Realismus	Realizmus
Toleranz	Tolerancia
Vernünftig	Ésszerű
Weisheit	Bölcsesség
Werte	Értékek
Wohlwollend	Jóindulatú
Würde	Méltóság
Zusammenarbeit	Együttműködés

Fahren
Vezetés

Auto	Autó
Bremsen	Fékek
Brennstoff	Üzemanyag
Bus	Busz
Garage	Garázs
Gas	Gáz
Gefahr	Veszély
Geschwindigkeit	Sebesség
Karte	Térkép
Lizenz	Engedély
Lkw	Kamion
Motor	Motor
Motorrad	Motorkerékpár
Polizei	Rendőrség
Sicherheit	Biztonság
Transport	Szállítás
Tunnel	Alagút
Unfall	Baleset
Verkehr	Forgalom
Vorsicht	Vigyázat

Fahrzeuge
Járművek

Auto	Autó
Boot	Hajó
Bus	Busz
Fahrrad	Kerékpár
Fähre	Komp
Floss	Tutaj
Flugzeug	Repülőgép
Hubschrauber	Helikopter
Krankenwagen	Mentőautó
Lkw	Kamion
Motor	Motor
Rakete	Rakéta
Reifen	Gumik
Roller	Robogó
Taxi	Taxi
Traktor	Traktor
U-Bahn	Metró
Van	Furgon
Wohnwagen	Lakókocsi
Zug	Vonat

Familie
Család

Bruder	Testvér
Ehefrau	Feleség
Ehemann	Férj
Enkel	Unokája
Grossmutter	Nagymama
Grossvater	Nagyapa
Kind	Gyermek
Kinder	Gyermekek
Kindheit	Gyermekkor
Mutter	Anya
Mütterlich	Anyai
Neffe	Unokaöcs
Nichte	Unokahúg
Onkel	Nagybácsi
Tante	Néni
Tochter	Lánya
Vater	Apa
Väterlich	Apai
Vetter	Unokatestvér
Vorfahr	Ős

Flugzeuge
Repülőgépek

Abenteuer	Kaland
Abstieg	Származás
Atmosphäre	Légkör
Ballon	Ballon
Brennstoff	Üzemanyag
Crew	Legénység
Design	Tervezés
Geschichte	Történelem
Himmel	Ég
Höhe	Magasság
Konstruktion	Építés
Luft	Levegő
Motor	Motor
Navigieren	Hajózik
Passagier	Utas
Pilot	Pilóta
Propeller	Propellerek
Turbulenz	Turbulencia
Wasserstoff	Hidrogén
Wetter	Időjárás

Formen
Alakzatok

Bogen	Ív
Dreieck	Háromszög
Ecke	Sarok
Ellipse	Ellipszis
Hyperbel	Hiperbola
Kanten	Élek
Kegel	Kúp
Kreis	Kör
Kugel	Gömb
Linie	Vonal
Oval	Ovális
Polygon	Poligon
Prisma	Prizma
Pyramide	Piramis
Quadrat	Négyzet
Rechteck	Téglalap
Rund	Kerek
Seite	Oldal
Würfel	Kocka
Zylinder	Henger

Garten
Kert

Bank	Pad
Baum	Fa
Blume	Virág
Boden	Talaj
Busch	Bokor
Garage	Garázs
Garten	Kert
Gras	Fű
Hängematte	Függőágy
Obstgarten	Gyümölcsös
Rasen	Gyep
Rechen	Gereblye
Schaufel	Lapát
Schlauch	Tömlő
Teich	Tavacska
Terrasse	Terasz
Trampolin	Trambulin
Unkraut	Gyomok
Veranda	Tornác
Zaun	Kerítés

Gartenarbeit
Kertészkedés

Art	Faj
Blatt	Levél
Blüte	Virág
Boden	Talaj
Botanisch	Botanika
Container	Tartály
Essbar	Ehető
Exotisch	Egzotikus
Feuchtigkeit	Nedvesség
Klima	Éghajlat
Kompost	Komposzt
Laub	Lombozat
Obstgarten	Gyümölcsös
Saat	Magok
Saisonal	Szezonális
Schlauch	Tömlő
Schmutz	Piszok
Strauss	Csokor
Wasser	Víz

Gebäude
Épületek

Bauernhof	Gazdaság
Botschaft	Nagykövetség
Fabrik	Gyár
Garage	Garázs
Haus	Ház
Herberge	Szálló
Hotel	Szálloda
Kabine	Kabin
Kino	Mozi
Krankenhaus	Kórház
Labor	Laboratórium
Museum	Múzeum
Scheune	Pajta
Schule	Iskola
Stadion	Stadion
Supermarkt	Szupermarket
Theater	Színház
Turm	Torony
Universität	Egyetem
Zelt	Sátor

Gemüse
Zöldségfélék

Artischocke	Articsóka
Aubergine	Padlizsán
Blumenkohl	Karfiol
Brokkoli	Brokkoli
Erbse	Borsó
Gurke	Uborka
Ingwer	Gyömbér
Karotte	Sárgarépa
Kartoffel	Burgonya
Knoblauch	Fokhagyma
Kürbis	Tök
Olive	Olajbogyó
Petersilie	Petrezselyem
Pilz	Gomba
Rübe	Fehérrépa
Salat	Saláta
Sellerie	Zeller
Spinat	Spenót
Tomate	Paradicsom
Zwiebel	Hagyma

Geographie
Földrajz

Atlas	Atlasz
Äquator	Egyenlítő
Berg	Hegy
Breite	Szélesség
Fluss	Folyó
Gebiet	Terület
Hemisphäre	Félteke
Höhe	Magasság
Insel	Sziget
Karte	Térkép
Kontinent	Kontinens
Land	Ország
Meer	Tenger
Meridian	Meridián
Norden	Észak
Ozean	Óceán
Region	Vidék
Stadt	Város
Welt	Világ
West	Nyugat

Geologie
Geológia

Erdbeben	Földrengés
Erosion	Erózió
Fossil	Fosszilis
Geschmolzen	Olvadt
Geysir	Gejzír
Höhle	Barlang
Kalzium	Kalcium
Kontinent	Kontinens
Koralle	Korall
Lava	Láva
Plateau	Fennsík
Quarz	Kvarc
Salz	Só
Säure	Sav
Stalagmiten	Sztalagmitok
Stalaktit	Cseppkő
Stein	Kő
Vulkan	Vulkán
Zone	Zóna
Zyklen	Ciklusok

Geometrie
Geometria

Anteil	Arány
Berechnung	Számítás
Dimension	Dimenzió
Dreieck	Háromszög
Durchmesser	Átmérő
Gleichung	Egyenlet
Horizontal	Vízszintes
Höhe	Magasság
Kreis	Kör
Kurve	Ív
Logik	Logika
Masse	Tömeg
Nummer	Szám
Oberfläche	Felület
Parallel	Párhuzamos
Quadrat	Négyzet
Segment	Szegmens
Symmetrie	Szimmetria
Theorie	Elmélet
Winkel	Szög

Geschäft
Üzleti

Arbeitgeber	Munkáltató
Budget	Költségvetés
Büro	Iroda
Einkommen	Jövedelem
Fabrik	Gyár
Finanzieren	Pénzügy
Geld	Pénz
Geschäft	Üzlet
Gewinn	Nyereség
Investition	Beruházás
Karriere	Karrier
Kosten	Költség
Manager	Menedzser
Mitarbeiter	Alkalmazott
Rabatt	Kedvezmény
Steuern	Adók
Transaktion	Tranzakció
Verkauf	Eladás
Ware	Áru
Währung	Valuta

Gesundheit und Wellness #1
Egészség és Wellness #1

Aktiv	Aktív
Apotheke	Gyógyszertár
Arzt	Orvos
Bakterien	Baktériumok
Behandlung	Kezelés
Entspannung	Kikapcsolódás
Fraktur	Törés
Gewohnheit	Szokás
Haut	Bőr
Höhe	Magasság
Hunger	Éhség
Klinik	Klinika
Knochen	Csontok
Medizin	Orvosság
Medizinisch	Orvosi
Nerven	Idegek
Reflex	Reflex
Therapie	Terápia
Verletzung	Sérülés
Virus	Vírus

Gesundheit und Wellness #2
Egészség és Wellness #2

Allergie	Allergia
Anatomie	Anatómia
Appetit	Étvágy
Blut	Vér
Diät	Diéta
Energie	Energia
Genetik	Genetika
Gesund	Egészséges
Gewicht	Súly
Hygiene	Higiénia
Infektion	Fertőzés
Kalorie	Kalória
Krankenhaus	Kórház
Krankheit	Betegség
Massage	Masszázs
Risiken	Kockázatok
Schlafen	Alvás
Sport	Sport
Stress	Stressz
Vitamin	Vitamin

Gewürze
Fűszerek

Anis	Ánizs
Bitter	Keserű
Curry	Curry
Fenchel	Édeskömény
Geschmack	Íz
Ingwer	Gyömbér
Kardamom	Kardamom
Knoblauch	Fokhagyma
Lakritze	Édesgyökér
Muskatnuss	Szerecsendió
Nelke	Szegfűszeg
Paprika	Paprika
Pfeffer	Bors
Safran	Sáfrány
Salz	Só
Sauer	Savanyú
Süss	Édes
Vanille	Vanília
Zimt	Fahéj
Zwiebel	Hagyma

Globale Erwärmung
A Globális Felmelegedés

Arktis	Sarkvidéki
Aufmerksamkeit	Figyelem
Bevölkerung	Populációk
Daten	Adat
Energie	Energia
Entwicklung	Fejlődés
Gas	Gáz
Generationen	Generációk
Gesetzgebung	Jogszabályok
Industrie	Ipar
International	Nemzetközi
Jetzt	Most
Klima	Éghajlat
Krise	Válság
Regierung	Kormány
Temperaturen	Hőmérséklet
Umwelt	Környezeti
Wissenschaftler	Tudós
Zukunft	Jövő

Haartypen
Haj Típusok

Blond	Szőke
Braun	Barna
Dick	Vastag
Dünn	Vékony
Farbig	Színes
Geflochten	Fonott
Gesund	Egészséges
Grau	Szürke
Kahl	Kopasz
Kurz	Rövid
Lang	Hosszú
Locken	Fürtök
Lockig	Göndör
Schwarz	Fekete
Silber	Ezüst
Trocken	Száraz
Weich	Puha
Weiss	Fehér
Wellig	Hullámos
Zöpfe	Zsinór

Haus
Ház

Besen	Seprű
Bibliothek	Könyvtár
Dach	Tető
Dachboden	Padlás
Decke	Mennyezet
Dusche	Zuhany
Fenster	Ablak
Garage	Garázs
Garten	Kert
Kamin	Kandalló
Küche	Konyha
Lampe	Lámpa
Möbel	Bútor
Schlafzimmer	Hálószoba
Schornstein	Kémény
Spiegel	Tükör
Tür	Ajtó
Wand	Fal
Zaun	Kerítés
Zimmer	Szoba

Ingenieurwesen
Műszaki

Achse	Tengely
Antrieb	Meghajtás
Berechnung	Számítás
Diagramm	Diagram
Diesel	Dízel
Durchmesser	Átmérő
Energie	Energia
Flüssigkeit	Folyadék
Getriebe	Fogaskerekek
Hebel	Karok
Konstruktion	Építés
Maschine	Gép
Messung	Mérés
Motor	Motor
Stabilität	Stabilitás
Stärke	Erő
Struktur	Szerkezet
Tiefe	Mélység
Verteilung	Eloszlás
Winkel	Szög

Jazz
Dzsessz

Album	Album
Alt	Régi
Applaus	Taps
Berühmt	Híres
Favoriten	Kedvencek
Genre	Műfaj
Improvisation	Improvizáció
Komponist	Zeneszerző
Konzert	Koncert
Künstler	Művész
Lied	Dal
Musik	Zene
Musiker	Zenészek
Neu	Új
Orchester	Zenekar
Rhythmus	Ritmus
Solo	Szóló
Stil	Stílus
Talent	Tehetség
Technik	Technika

Kaffee
Kávé

Aroma	Aroma
Bitter	Keserű
Creme	Krém
Filter	Szűrő
Flüssigkeit	Folyadék
Geröstet	Pörkölt
Geschmack	Íz
Getränk	Ital
Koffein	Koffein
Mahlen	Darál
Milch	Tej
Morgen	Reggel
Preis	Ár
Sauer	Savas
Schwarz	Fekete
Tasse	Csésze
Ursprung	Eredet
Vielfalt	Fajta
Wasser	Víz
Zucker	Cukor

Kleidung
Ruházat

Armband	Karkötő
Bluse	Blúz
Gürtel	Öv
Halskette	Nyaklánc
Handschuhe	Kesztyű
Hemd	Ing
Hose	Nadrág
Hut	Kalap
Jacke	Dzseki
Jeans	Farmer
Kleid	Ruha
Mantel	Kabát
Mode	Divat
Pullover	Pulóver
Rock	Szoknya
Schal	Sál
Schlafanzug	Pizsama
Schmuck	Ékszerek
Schuh	Cipő
Schürze	Kötény

Krankheit
Betegség

Abdominal	Hasi
Akut	Akut
Allergien	Allergia
Ansteckend	Fertőző
Atemwege	Légzés
Bakteriell	Bakteriális
Chronisch	Krónikus
Entzündung	Gyulladás
Erblich	Örökletes
Genetisch	Genetikai
Gesundheit	Egészség
Herz	Szív
Immunität	Immunitás
Knochen	Csontok
Körper	Test
Neuropathie	Neuropátia
Schwach	Gyenge
Syndrom	Szindróma
Therapie	Terápia
Wellness	Wellness

Kräuterkunde
Herbalism

Aromatisch	Aromás
Basilikum	Bazsalikom
Blume	Virág
Dill	Kapor
Estragon	Tárkony
Fenchel	Édeskömény
Garten	Kert
Geschmack	Íz
Grün	Zöld
Knoblauch	Fokhagyma
Kulinarisch	Konyhai
Lavendel	Levendula
Majoran	Majoránna
Petersilie	Petrezselyem
Qualität	Minőség
Rosmarin	Rozmaring
Safran	Sáfrány
Thymian	Kakukkfű
Vorteilhaft	Előnyös
Zutat	Összetevő

Kreativität
Kreativitás

Ausdruck	Kifejezés
Authentizität	Hitelesség
Bild	Kép
Dramatisch	Drámai
Eindruck	Benyomás
Erfinderisch	Találékony
Fähigkeit	Készség
Flüssigkeit	Folyékonyság
Gefühle	Érzések
Ideen	Ötletek
Inspiration	Ihlet
Intensität	Intenzitás
Intuition	Intuíció
Klarheit	Világosság
Künstlerisch	Művészi
Phantasie	Képzelet
Sensation	Szenzáció
Spontan	Spontán
Visionen	Víziók
Vitalität	Életerő

Landschaften
Tájképek

Berg	Hegy
Eisberg	Jéghegy
Fluss	Folyó
Geysir	Gejzír
Gletscher	Gleccser
Golf	Öböl
Halbinsel	Félsziget
Höhle	Barlang
Hügel	Domb
Insel	Sziget
Meer	Tenger
Oase	Oázis
See	Tó
Strand	Strand
Sumpf	Mocsár
Tal	Völgy
Tundra	Tundra
Vulkan	Vulkán
Wasserfall	Vízesés
Wüste	Sivatag

Länder #1
Országok #1

Ägypten	Egyiptom
Brasilien	Brazília
Deutschland	Németország
Finnland	Finnország
Indien	India
Irak	Irak
Israel	Izrael
Italien	Olaszország
Kambodscha	Kambodzsa
Kanada	Kanada
Lettland	Lettország
Mali	Mali
Nicaragua	Nicaragua
Norwegen	Norvégia
Polen	Lengyelország
Rumänien	Románia
Senegal	Szenegál
Spanien	Spanyolország
Venezuela	Venezuela
Vietnam	Vietnam

Länder #2
Országok #2

Albanien	Albánia
Äthiopien	Etiópia
Frankreich	Franciaország
Griechenland	Görögország
Haiti	Haiti
Irland	Írország
Jamaika	Jamaica
Japan	Japán
Kenia	Kenya
Laos	Laosz
Liberia	Libéria
Mexiko	Mexikó
Nepal	Nepál
Nigeria	Nigéria
Pakistan	Pakisztán
Russland	Oroszország
Sudan	Szudán
Syrien	Szíria
Uganda	Uganda
Ukraine	Ukrajna

Literatur
Irodalom

Analogie	Analógia
Analyse	Elemzés
Anekdote	Anekdota
Autor	Szerző
Beschreibung	Leírás
Biographie	Életrajz
Dialog	Párbeszéd
Erzähler	Narrátor
Fiktion	Fikció
Gedicht	Vers
Genre	Műfaj
Metapher	Metafora
Poetisch	Költői
Reim	Rím
Rhythmus	Ritmus
Roman	Regény
Schlussfolgerung	Következtetés
Stil	Stílus
Thema	Téma
Tragödie	Tragédia

Mathematik
Matematika

Arithmetik	Számtan
Bruchteil	Töredék
Dezimal	Tizedes
Dreieck	Háromszög
Durchmesser	Átmérő
Exponent	Kitevő
Geometrie	Geometria
Gleichung	Egyenlet
Kugel	Gömb
Parallel	Párhuzamos
Polygon	Poligon
Quadrat	Négyzet
Radius	Sugár
Rechteck	Téglalap
Senkrecht	Merőleges
Summe	Összeg
Symmetrie	Szimmetria
Umfang	Kerület
Winkel	Szögek
Zahlen	Számok

Meditation
Elmélkedés

Annahme	Elfogadás
Aufmerksamkeit	Figyelem
Bewegung	Mozgás
Dankbarkeit	Hála
Freundlichkeit	Kedvesség
Frieden	Béke
Gedanken	Gondolatok
Geistig	Mentális
Glück	Boldogság
Klarheit	Világosság
Lehre	Tanítások
Lernen	Tanulni
Mitgefühl	Együttérzés
Musik	Zene
Natur	Természet
Perspektive	Perspektíva
Ruhig	Nyugodt
Stille	Csend
Verstand	Elme
Wach	Ébren

Menschlicher Körper
Emberi Test

Bein	Láb
Blut	Vér
Ellbogen	Könyök
Finger	Ujj
Gehirn	Agy
Gesicht	Arc
Hals	Nyak
Hand	Kéz
Haut	Bőr
Herz	Szív
Kiefer	Állkapocs
Kinn	Áll
Knie	Térd
Knöchel	Boka
Kopf	Fej
Mund	Száj
Nase	Orr
Ohr	Fül
Schulter	Váll
Zunge	Nyelv

Messungen
Mérések

Breite	Szélesség
Byte	Bájt
Dezimal	Tizedes
Gewicht	Súly
Grad	Fokozat
Gramm	Gramm
Höhe	Magasság
Kilogramm	Kilogramm
Kilometer	Kilométer
Länge	Hossz
Liter	Liter
Masse	Tömeg
Meter	Mérő
Minute	Perc
Quart	Kvart
Tiefe	Mélység
Tonne	Tonna
Unze	Uncia
Zentimeter	Centiméter
Zoll	Hüvelyk

Mode
Divat

Bescheiden	Szerény
Boutique	Butik
Einfach	Egyszerű
Elegant	Elegáns
Erschwinglich	Megfizethető
Kleidung	Ruházat
Komfortabel	Kényelmes
Minimalistisch	Minimalista
Modern	Modern
Muster	Minta
Original	Eredeti
Praktisch	Gyakorlati
Spitze	Csipke
Stickerei	Hímzés
Stil	Stílus
Stoff	Szövet
Tasten	Gombok
Teuer	Drága
Textur	Textúra
Trend	Irányzat

Möbel
Bútor

Bank	Pad
Bett	Ágy
Bettdecke	Paplanok
Bücherregal	Könyvespolc
Couch	Kanapé
Futon	Futon
Hängematte	Függőágy
Kissen	Párna
Kommode	Komód
Lampe	Lámpa
Matratze	Matrac
Regal	Polcok
Schrank	Armoire
Schreibtisch	Íróasztal
Sessel	Fotel
Spiegel	Tükör
Stuhl	Szék
Teppich	Szőnyeg
Vorhang	Függönyök

Musik
Zene

Album	Album
Ballade	Ballada
Chor	Kórus
Harmonie	Harmónia
Harmonisch	Harmonikus
Improvisieren	Rögtönöz
Instrument	Eszköz
Klassisch	Klasszikus
Lyrisch	Lírai
Melodie	Dallam
Mikrofon	Mikrofon
Musical	Zenei
Musiker	Zenész
Oper	Opera
Poetisch	Költői
Rhythmisch	Ritmikus
Rhythmus	Ritmus
Sänger	Énekes
Singen	Énekel
Tempo	Tempó

Musikinstrumente
Hangszerek

Banjo	Bendzsó
Cello	Cselló
Fagott	Fagott
Flöte	Fuvola
Geige	Hegedű
Gitarre	Gitár
Glockenspiel	Harangjáték
Gong	Gong
Harfe	Hárfa
Klarinette	Klarinét
Klavier	Zongora
Mandoline	Mandolin
Marimba	Marimba
Mundharmonika	Harmonika
Oboe	Oboa
Posaune	Harsona
Saxophon	Szaxofon
Tamburin	Csörgődob
Trommel	Dob
Trompete	Trombita

Mythologie
Mitológia

Archetyp	Archetípus
Blitz	Villám
Donner	Mennydörgés
Eifersucht	Féltékenység
Held	Hős
Himmel	Menny
Katastrophe	Katasztrófa
Kreation	Teremtés
Kreatur	Teremtmény
Krieger	Harcos
Kultur	Kultúra
Labyrinth	Labirintus
Legende	Legenda
Magisch	Mágikus
Monster	Szörny
Rache	Bosszú
Stärke	Erő
Sterblich	Halandó
Triumphierend	Diadalmas
Verhalten	Viselkedés

Natur
Természet

Arktis	Sarkvidéki
Berge	Hegyek
Bienen	Méhek
Dynamisch	Dinamikus
Erosion	Erózió
Fluss	Folyó
Friedlich	Békés
Gletscher	Gleccser
Heiligtum	Szentély
Heiter	Derűs
Laub	Lombozat
Lebenswichtig	Létfontosságú
Nebel	Köd
Schönheit	Szépség
Schutz	Menedék
Tiere	Állatok
Tropisch	Trópusi
Wald	Erdő
Wild	Vad
Wüste	Sivatag

Obst
Gyümölcs

Ananas	Ananász
Apfel	Alma
Aprikose	Sárgabarack
Avocado	Avokádó
Banane	Banán
Beere	Bogyó
Birne	Körte
Brombeere	Szeder
Himbeere	Málna
Kirsche	Cseresznye
Kiwi	Kivi
Kokosnuss	Kókuszdió
Melone	Dinnye
Nektarine	Nektarin
Orange	Narancs
Papaya	Papaja
Pfirsich	Őszibarack
Pflaume	Szilva
Traube	Szőlő
Zitrone	Citrom

Ozean
Óceán

Aal	Angolna
Auster	Osztriga
Boot	Hajó
Delfin	Delfin
Fisch	Hal
Garnele	Garnélarák
Gezeiten	Árapály
Hai	Cápa
Koralle	Korall
Krabbe	Rák
Krake	Polip
Qualle	Medúza
Riff	Zátony
Salz	Só
Schildkröte	Teknős
Schwamm	Szivacs
Sturm	Vihar
Thunfisch	Tonhal
Wal	Bálna
Wellen	Hullámok

Ökologie
Ökológia

Art	Faj
Berge	Hegyek
Dürre	Aszály
Fauna	Fauna
Flora	Növényvilág
Freiwillige	Önkéntesek
Gemeinschaft	Közösségek
Global	Globális
Klima	Éghajlat
Lebensraum	Élőhely
Marine	Tengeri
Nachhaltig	Fenntartható
Natur	Természet
Natürlich	Természetes
Pflanzen	Növények
Ressourcen	Források
Sumpf	Mocsár
Überleben	Túlélés
Vegetation	Növényzet
Vielfalt	Sokféleség

Pflanzen
Növények

Bambus	Bambusz
Baum	Fa
Beere	Bogyó
Blume	Virág
Blütenblatt	Szirom
Bohne	Bab
Botanik	Botanika
Busch	Bokor
Dünger	Trágya
Efeu	Borostyán
Flora	Növényvilág
Garten	Kert
Gras	Fű
Kaktus	Kaktusz
Kraut	Gyógynövény
Laub	Lombozat
Moos	Moha
Vegetation	Növényzet
Wald	Erdő
Wurzel	Gyökér

Philanthropie
Filantrópia

Brauchen	Szükség
Ehrlichkeit	Őszinteség
Finanzieren	Pénzügy
Gemeinschaft	Közösség
Geschichte	Történelem
Global	Globális
Grosszügigkeit	Nagylelkűség
Gruppen	Csoportok
Jugend	Ifjúság
Kinder	Gyermekek
Kontakte	Kapcsolatok
Menschen	Emberek
Menschheit	Emberiség
Mission	Küldetés
Mittel	Alapok
Nächstenliebe	Jótékonyság
Öffentlich	Nyilvános
Programme	Programok
Spenden	Adományoz
Ziele	Célok

Physik
Fizika

Atom	Atom
Beschleunigung	Gyorsulás
Chaos	Káosz
Chemisch	Kémiai
Dichte	Sűrűség
Elektron	Elektron
Experiment	Kísérlet
Formel	Képlet
Frequenz	Frekvencia
Gas	Gáz
Geschwindigkeit	Sebesség
Magnetismus	Mágnesesség
Masse	Tömeg
Mechanik	Mechanika
Molekül	Molekula
Motor	Motor
Nuklear	Nukleáris
Partikel	Részecske
Relativität	Relativitás
Universal	Egyetemes

Psychologie
Pszichológia

Bewertung	Értékelés
Bewusstlos	Eszméletlen
Ego	Én
Einflüsse	Befolyások
Erinnerungen	Emlékek
Gedanken	Gondolatok
Ideen	Ötletek
Kindheit	Gyermekkor
Klinisch	Klinikai
Kognition	Megismerés
Konflikt	Konfliktus
Persönlichkeit	Személyiség
Problem	Probléma
Sensation	Szenzáció
Therapie	Terápia
Träume	Álmok
Unterbewusstsein	Tudatalatti
Verhalten	Viselkedés
Wahrnehmung	Észlelés
Wirklichkeit	Valóság

Regierung
Kormányzat

Bezirk	Kerület
Demokratie	Demokrácia
Denkmal	Emlékmű
Diskussion	Vita
Freiheit	Szabadság
Friedlich	Békés
Führer	Vezető
Gerechtigkeit	Igazságosság
Gesetz	Törvény
Gleichheit	Egyenlőség
Nation	Nemzet
National	Nemzeti
Politik	Politika
Rechte	Jogok
Rede	Beszéd
Staat	Állam
Symbol	Szimbólum
Unabhängigkeit	Függetlenség
Verfassung	Alkotmány
Zivil	Polgári

Restaurant #2
Étterem #2

Abendessen	Vacsora
Eis	Jég
Fisch	Hal
Frucht	Gyümölcs
Gabel	Villa
Gemüse	Zöldségek
Getränk	Ital
Gewürze	Fűszerek
Kellner	Pincér
Köstlich	Finom
Kuchen	Torta
Löffel	Kanál
Mittagessen	Ebéd
Nudeln	Tészta
Salat	Saláta
Salz	Só
Stuhl	Szék
Suppe	Leves
Vorspeise	Előétel
Wasser	Víz

Säugetiere
Emlősök

Affe	Majom
Bär	Medve
Biber	Hód
Elefant	Elefánt
Fuchs	Róka
Giraffe	Zsiráf
Gorilla	Gorilla
Hund	Kutya
Känguru	Kenguru
Kojote	Prérifarkas
Löwe	Oroszlán
Panther	Párduc
Pferd	Ló
Ratte	Patkány
Schaf	Juh
Stier	Bika
Tiger	Tigris
Wal	Bálna
Wolf	Farkas
Zebra	Zebra

Schach
Sakk

Champion	Bajnok
Diagonal	Átlós
Gegner	Ellenfél
Klug	Okos
König	Király
Königin	Királynő
Lernen	Tanulni
Opfer	Áldozat
Passiv	Passzív
Punkte	Pontok
Regeln	Szabályok
Schwarz	Fekete
Spiel	Játék
Spieler	Játékos
Strategie	Stratégia
Turnier	Torna
Weiss	Fehér
Wettbewerb	Verseny
Zeit	Idő

Schokolade
Csokoládé

Antioxidans	Antioxidáns
Aroma	Aroma
Bitter	Keserű
Essen	Enni
Exotisch	Egzotikus
Favorit	Kedvenc
Geschmack	Íz
Kakao	Kakaó
Kalorien	Kalória
Karamell	Karamell
Kokosnuss	Kókuszdió
Köstlich	Finom
Pulver	Por
Qualität	Minőség
Rezept	Recept
Süss	Édes
Verlangen	Sóvárgás
Zucker	Cukor
Zutat	Összetevő

Science Fiction
Sci-Fi

Bücher	Könyvek
Dystopie	Dystopia
Explosion	Robbanás
Extrem	Szélsőséges
Fantastisch	Fantasztikus
Feuer	Tűz
Futuristisch	Futurisztikus
Galaxie	Galaxis
Geheimnisvoll	Rejtélyes
Illusion	Illúzió
Imaginär	Képzeletbeli
Kino	Mozi
Orakel	Jóslat
Planet	Bolygó
Realistisch	Reális
Roboter	Robotok
Szenario	Forgatókönyv
Technologie	Technológia
Utopie	Utópia
Welt	Világ

Sport
Sport

Athlet	Atléta
Ausdauer	Kitartás
Diät	Diéta
Ernährung	Táplálkozás
Fähigkeit	Képesség
Gesundheit	Egészség
Joggen	Kocogás
Knochen	Csontok
Körper	Test
Maximieren	Maximalizálás
Metabolisch	Metabolikus
Muskel	Izmok
Programm	Program
Radfahren	Kerékpározás
Schwimmen	Úszni
Sport	Sport
Stärke	Erő
Tanzen	Tánc
Trainer	Edző
Ziel	Cél

Stadt
Város

Apotheke	Gyógyszertár
Bank	Bank
Bäckerei	Pékség
Bibliothek	Könyvtár
Blumenhändler	Virágárus
Buchhandlung	Könyvesbolt
Flughafen	Repülőtér
Galerie	Galéria
Hotel	Szálloda
Kino	Mozi
Klinik	Klinika
Markt	Piac
Museum	Múzeum
Restaurant	Étterem
Schule	Iskola
Stadion	Stadion
Supermarkt	Szupermarket
Theater	Színház
Universität	Egyetem
Zoo	Állatkert

Tage und Monate
Napok és Hónapok

August	Augusztus
Dezember	December
Dienstag	Kedd
Donnerstag	Csütörtök
Februar	Február
Freitag	Péntek
Jahr	Év
Januar	Január
Juli	Július
Juni	Június
Kalender	Naptár
Mittwoch	Szerda
Monat	Hónap
Montag	Hétfő
November	November
Oktober	Október
Samstag	Szombat
September	Szeptember
Sonntag	Vasárnap
Woche	Hét

Tanzen
Tánc

Akademie	Akadémia
Anmut	Kegyelem
Ausdrucksvoll	Kifejező
Bewegung	Mozgás
Choreographie	Koreográfia
Emotion	Érzelem
Freudig	Vidám
Haltung	Testtartás
Klassisch	Klasszikus
Körper	Test
Kultur	Kultúra
Kulturell	Kulturális
Kunst	Művészet
Musik	Zene
Partner	Partner
Probe	Próba
Rhythmus	Ritmus
Traditionell	Hagyományos
Visuell	Vizuális

Technologie
Technológia

Anzeige	Kijelző
Bildschirm	Képernyő
Blog	Blog
Browser	Böngésző
Bytes	Bájt
Computer	Számítógép
Cursor	Kurzor
Datei	Fájl
Daten	Adat
Digital	Digitális
Forschung	Kutatás
Internet	Internet
Kamera	Kamera
Nachricht	Üzenet
Schriftart	Betűtípus
Sicherheit	Biztonság
Software	Szoftver
Statistik	Statisztika
Virtuell	Virtuális
Virus	Vírus

Universum
Világegyetem

Asteroid	Aszteroida
Astronom	Csillagász
Astronomie	Csillagászat
Atmosphäre	Légkör
Äon	Eon
Äquator	Egyenlítő
Breite	Szélesség
Dunkelheit	Sötétség
Galaxie	Galaxis
Hemisphäre	Félteke
Himmel	Ég
Horizont	Horizont
Kosmisch	Kozmikus
Längengrad	Hosszúság
Mond	Hold
Orbit	Pálya
Sichtbar	Látható
Sonnenwende	Napforduló
Teleskop	Távcső
Tierkreis	Állatöv

Urlaub #2
Nyaralás #2

Ausländer	Külföldi
Berge	Hegyek
Camping	Kemping
Flughafen	Repülőtér
Fotos	Fotók
Freizeit	Szabadidő
Hotel	Szálloda
Insel	Sziget
Karte	Térkép
Meer	Tenger
Pass	Útlevél
Reise	Utazás
Restaurant	Étterem
Strand	Strand
Taxi	Taxi
Transport	Szállítás
Urlaub	Nyaralás
Visum	Vízum
Zelt	Sátor
Zug	Vonat

Vögel
Madarak

Adler	Sas
Ei	Tojás
Ente	Kacsa
Eule	Bagoly
Flamingo	Flamingó
Gans	Liba
Huhn	Csirke
Krähe	Varjú
Kuckuck	Kakukk
Möwe	Sirály
Papagei	Papagáj
Pelikan	Pelikán
Pfau	Páva
Pinguin	Pingvin
Rabe	Holló
Reiher	Gém
Schwan	Hattyú
Spatz	Veréb
Storch	Gólya
Taube	Galamb

Wandern
Túrázás

Berg	Hegy
Camping	Kemping
Führer	Útmutatók
Gefahren	Veszélyek
Karte	Térkép
Klima	Éghajlat
Klippe	Szikla
Müde	Fáradt
Natur	Természet
Orientierung	Orientáció
Parks	Parkok
Schwer	Nehéz
Sonne	Nap
Steine	Kövek
Stiefel	Csizma
Tiere	Állatok
Vorbereitung	Előkészítés
Wasser	Víz
Wetter	Időjárás
Wild	Vad

Wasser
Víz

Bewässerung	Öntözés
Dampf	Gőz
Dusche	Zuhany
Eis	Jég
Feucht	Nedves
Feuchtigkeit	Nedvesség
Fluss	Folyó
Flut	Árvíz
Frost	Fagy
Geysir	Gejzír
Hurrikan	Hurrikán
Kanal	Csatorna
Monsun	Monszun
Ozean	Óceán
Regen	Eső
Schnee	Hó
See	Tó
Trinkbar	Iható
Verdunstung	Párolgás
Wellen	Hullámok

Wetter
Időjárás

Atmosphäre	Légkör
Blitz	Villám
Brise	Szellő
Donner	Mennydörgés
Dürre	Aszály
Eis	Jég
Himmel	Ég
Hurrikan	Hurrikán
Klima	Éghajlat
Monsun	Monszun
Nebel	Köd
Polar	Poláris
Regenbogen	Szivárvány
Sturm	Vihar
Temperatur	Hőmérséklet
Tornado	Tornádó
Trocken	Száraz
Tropisch	Trópusi
Wind	Szél
Wolke	Felhő

Wissenschaftliche Disziplinen
Tudományos Tudományágak

Anatomie	Anatómia
Archäologie	Régészet
Astronomie	Csillagászat
Biochemie	Biokémia
Biologie	Biológia
Botanik	Botanika
Chemie	Kémia
Geologie	Geológia
Immunologie	Immunológia
Kinesiologie	Kineziológia
Linguistik	Nyelvészet
Mechanik	Mechanika
Mineralogie	Ásványtan
Neurologie	Neurológia
Ökologie	Ökológia
Physiologie	Fiziológia
Psychologie	Pszichológia
Soziologie	Szociológia
Thermodynamik	Termodinamika
Zoologie	Állattan

Zahlen
Számok

Acht	Nyolc
Achtzehn	Tizennyolc
Dezimal	Tizedes
Drei	Három
Dreizehn	Tizenhárom
Fünf	Öt
Fünfzehn	Tizenöt
Neun	Kilenc
Neunzehn	Tizenkilenc
Null	Nulla
Sechs	Hat
Sechzehn	Tizenhat
Sieben	Hét
Siebzehn	Tizenhét
Vier	Négy
Vierzehn	Tizennégy
Zehn	Tíz
Zwanzig	Húsz
Zwei	Kettő
Zwölf	Tizenkettő

Zeit
Idő

Früh	Korai
Gestern	Tegnap
Heute	Ma
Jahr	Év
Jahrhundert	Század
Jahrzehnt	Évtized
Jährlich	Éves
Jetzt	Most
Kalender	Naptár
Minute	Perc
Mittag	Dél
Monat	Hónap
Morgen	Reggel
Nach	Után
Nacht	Éjszaka
Tag	Nap
Uhr	Óra
Vor	Előtt
Woche	Hét
Zukunft	Jövő

Gratuliere

Sie haben es geschafft !!

Wir hoffen, dass euch dieses Buch genauso viel Spaß gemacht hat wie uns dessen Herstellung. Wir tun unser Bestes, um qualitativ hochwertige Spiele zu erfinden. Diese Rätsel sind auf eine clevere Art und Weise entworfen, damit sie aktiv lernen und daran Vergnügen finden.

Hat ihnen das Buch gefallen ?

Eine einfache Bitte

Unsere Bücher existieren dank der Rezensionen, die sie veröffentlichen. Können sie uns helfen indem sie jetzt eine Meinung hinterlassen ?

Hier ist ein kurzer Link, der Sie zu ihrer Bewertungsseite führt

BestBooksActivity.com/Rezension50

MONSTER HERAUSFÖRDERUNGEN !

Herausförderung 1

Bereit für ihr Bonusspiel? Wir verwenden sie ständig, aber sie sind nicht einfach zu finden. Es sind die Synonyme !

Notieren sie 5 Wörter, die sie in den untenstehenden Rätseln (Nummer 21, 36 und 76) entdeckt haben und versuchen sie für jedes Wort 2 Synonyme zu finden .

Notieren sie 5 Wörter aus ***Rätsel 21***

Wörter	Synonym 1	Synonym 2

Notieren sie 5 Wörter aus ***Rätsel 36***

Wörter	Synonym 1	Synonym 2

Notieren sie 5 Wörter aus ***Rätsel 76***

Wörter	Synonym 1	Synonym 2

Herausförderung 2

Jetzt, wo sie warm sind, notieren sie 5 Wörter, die sie in jedem der untenaufgeführten Rätseln entdeckt haben (Nummer 9, 17 und 25) und versuchen sie für jedes Wort 2 Antonyme zu finden. Wie viele davon können sie binnen 20 Minuten finden ?

*Notieren sie 5 Wörter aus **Rätsel 9***

Wörter	Antonym 1	Antonym 2

*Notieren sie 5 Wörter aus **Rätsel 17***

Wörter	Antonym 1	Antonym 2

*Notieren sie 5 Wörter aus **Rätsel 25***

Wörter	Antonym 1	Antonym 2

Herausförderung 3

Wunderbar, diese Monster Herausförderung  wird kein Problem für sie sein !

Bereit für die letzte Herausförderung? Wählen sie ihre 10 Lieblingswörter aus, die sie in einem Rätsel entdeckt haben und notieren sie sie unten.

1.	6.
2.	7.
3.	8.
4.	9.
5.	10.

Die Aufgabe besteht nun darin mit diesen Wörtern und in maximal sechs Sätzen einen Text herzustellen über eine Person, ein Tier oder ein Ort den sie lieben !

Tipp : sie können die letzten leeren Seiten dieses Buches als Entwurf verwenden

Ihr Schreiben :

NOTIZBUCH :

AUF BALDIGES WIEDERSEHEN !

Linguas Classics

www.ingramcontent.com/pod-product-compliance
Lightning Source LLC
Chambersburg PA
CBHW082102120626
46553CB00011B/3514
9798896700418